Giuseppe Cruciani

Ipocriti!

CAIRO

ISBN 978-88-309-0521-4
Prima edizione: giugno 2025

Sommario

Introduzione 11

Gli ipocriti dell'antifascismo 15

Il fascismo non c'è più 15

Doppiopesismo antifa 18

Il caso Marinelli, ovvero «chiagnere e fottere» 22

O ti proclami antifascista o vai via! 27

Mussolini? Fuori da questa città, perbacco! 31

Tutto è fascismo 35

Scurati, ringrazia il duce! 40

Montanari, un professore sull'Aventino 42

Vannacci? È fascista, mettiamolo a tacere 46

L'ipocrisia contro le forze dell'ordine 51

Pagati poco e pure presi a mazzate 51

Giusto sputare ai poliziotti 54
Manganelli buoni e manganelli cattivi 56
Un poliziotto uccide? Dagli al poliziotto 59
Le vere vittime? I poliziotti 62
E l'avvocato, chi lo paga? 65
L'ipocrisia del caso Ramy 68
Diritto allo speronamento 73

Gli ipocriti del mondo dello spettacolo 75
Liberté, egalité… et jet privé 75
Anche Vasco Rossi può dire una cazzata 78
Il circo dell'ossessione fascista 80
Gli ipocriti dell'occupazione Rai 85
La destra? Rozzi, sporchi e cattivi 91

Gli ipocriti del femminismo 97
Tutto è sessismo, pure un cesso 97
Il maschilismo inconsapevole 101
Marco Rizzo e l'amore per la gnocca 103
Il caso Prodi 105
L'ipocrisia dei difensori di Prodi 108
I volenterosi sostenitori del Prof 111
Ipocriti a gogò 114
La doppia morale 117
Sessismo negli spot, sessismo in cucina 118

I maschi femministi, il peggio 122
L'ipocrisia di chi nega la violenza sugli uomini 125

La follia del linguaggio inclusivo 131
Povera università 131
Deliri ed eroi 134
Riscrivono pure l'inno d'Italia 138
L'ultimo avamposto woke, Londra 139

L'ipocrisia dell'accoglienza 143
Ipocrisia vaticana 143
Frontiere vaticane? Sbarrate 146
Sinistra e migranti, l'attrazione fatale 148
Vuoi essere accolto? Dichiarati gay 152
I migranti risarciti 155
Ma quale deportazione 158

L'ipocrisia sulla droga 163
I vizi non sono crimini 163
La guerra alla droga è inutile 167
La droga è già libera 170

L'ipocrisia di chi condanna OnlyFans e prostituzione 175
Il caso Maraga 175
L'ipocrisia dello Stato laico 179

Pure i magnaccia vanno accettati 182
Maiorino, la nuova moralizzatrice 185
L'ipocrisia della monogamia 188
L'ipocrisia della destra e del codice Ateco 193
Altri moralisti 196

Ringraziamenti 203

IPOCRITI!

Introduzione

Non ho la verità in tasca e detesto chi si prende troppo sul serio. Non considero un valore la coerenza, anzi apprezzo chi nella vita cambia idea. Mi fanno incazzare, però, coloro che predicano bene e razzolano male, quelli che sbandierano ai quattro venti la loro moralità, il loro buonismo, la loro umanità, ma in realtà si comportano diversamente. Quelli che sono sempre, a parole, a favore della libertà di espressione, della democrazia, ma a corrente alternata: quando conviene, e solo con gli amici. Mi fa imbestialire l'intolleranza dei presunti tolleranti, l'ipocrisia dei buoni a gettone. Quella di chi, per esempio, si batte per i diritti di chiunque, tranne quelli degli uomini separati; l'ipocrisia di chi invoca sempre la democrazia, e poi vuole tappare la bocca a chi ha un pensiero diverso; quelli che sono contro la violenza, ma stanno zitti quando viene praticata a danno dei loro nemici; l'ipocrisia di chi invoca la ghigliottina per i condannati, ma solo quando non si tratta dei compagni. Mi stanno sulle balle, a sinistra, quelli che parlano di sicurezza, e poi non perdono occasione per attaccare le forze dell'ordine; come non sopporto, a destra, quelli che considerano uguali tutte le droghe e condannano gli spinelli, senza mai trovare una soluzione che non sia il carcere. L'ipocrisia regna sovrana, tra chi parla di pericolo autoritario, di pericolo fascismo, e poi vuole proibire le manifestazioni sgradite; tra chi ogni giorno ci fa una testa così evocando il terrore del ritorno del fascio, e poi, in nome della salvezza della patria, è pronto a togliere il lavoro e obbligare al vaccino anti covid chi non è d'accordo: è successo per davvero, non negli anni Venti, bensì poco tempo fa, anche se cerchiamo di dimenticarlo. L'elenco dei sepolcri imbiancati è lungo, sterminato. E comprende soprattutto quelli che vogliono appiccicarti addosso un'etichetta infamante, quando non sei d'accordo con loro. Sei razzista se non sei d'accordo con l'accoglienza degli immigrati, maschilista se non usi per forza l'espressione femminicidio, misogino se non ti cospargi il capo di cenere in quanto uomo ogni volta che uccidono una donna, potenziale omicida se non frequenti un corso speciale di rieducazione del maschio. Ancora: gli ipocriti si dicono a favore della libertà individuale, ma non quella di difendere armati la propria vita e quella dei propri cari; si battono per i diritti degli omosessuali, ma ti danno dell'omofobo se dici che credi nella famiglia tradizionale formata da uomo e donna con figli; si proclamano libertari, ma vogliono imporre nelle scuole l'educazione sessuale ai minori; ipocriti sono quei finti progressisti che hanno stabilito che l'aborto è un diritto (anche io lo penso), ma aggrediscono chi la pensa diversamente; ipocrita è chi si riempie la bocca ogni giorno delle virtù dell'Occidente, poi ti esclude dalla società se non dici che Putin è un dittatore e Zelensky un eroe; ipocrite sono le femministe che predicano la libertà della donna, ma non gradiscono i bordelli che ritengono indegni. Se dici che il patriarcato non esiste più, sei braccato come un mafioso; se ti ribelli al linguaggio inclusivo che distrugge la lingua italiana, vieni considerato un reazionario. Questo volume è il mio infinito tributo alla cosa più importante che abbiamo, e non dobbiamo mai considerare scontata: la libertà di espressione contro ogni ipocrisia e ogni perbenismo.

Gli ipocriti dell'antifascismo

Il fascismo non c'è più

Il fascismo non c'è più. Non potrà mai più ripresentarsi. Di esso non c'è alcuna traccia nella vita reale, eppure la parola «fascismo» è tra le più pronunciate nel dibattito pubblico italiano. Non c'è giorno che non si alzi qualche sinistro a gridare all'allarme nero, al pericolo autoritario, alla torsione antidemocratica e dunque alla necessaria adunata antifa. Non c'è mattina che si rispetti senza l'appello alla mobilitazione delle forze sane e democratiche del Paese, perché naturalmente incombe la minaccia di un novello duce, o di un prossimo Führer. Dunque fioccano gli inviti, anzi le esortazioni, che suonano alla stregua di intimidazioni a proclamarsi antifascisti. E se non rispondi nella maniera in cui piace ai sedicenti democratici, esattamente nel modo in cui essi, i cultori della «Verità», si aspettano, allora sei sicuramente un po' fascista, o almeno nostalgico del regime, o comunque, dai, uno che strizza l'occhio alle peggiori dittature, in fondo nient'altro che un reietto della società, un delinquente politico, un paria che non merita rispetto.

Il fascismo immaginario è una vera e propria ossessione, un *modus vivendi*, un'arma da scagliare addosso agli avversari e nello stesso tempo uno strumento di marketing, un vero e proprio prodotto da vendere sul mercato della politica e dell'editoria.

Fascista era Silvio Berlusconi, ancora più fascista è Matteo Salvini, mai pentita del fascismo ovviamente è Giorgia Meloni, esattamente come tutti quelli che stanno intorno a lei. Ecco la fascinazione irresistibile, l'eccitazione infinita della sinistra quando vede i suoi avversari. Tutto il mondo autoproclamatosi progressista si eccita quando sente odore di fascio, poiché l'antifascismo è scorciatoia, è diventato programma politico quando non si ha un bel niente da dire, permette soprattutto quello che un intellettuale liberale anni fa definì «il "gioco dei faccioni", per cui nella casella vuota chiamata "fascismo" è sempre possibile mettere figurine di fascisti sempre nuovi». Persino Matteo Renzi negli anni di gloria, per certo progressismo era definito come tale. Se serve abbattere qualcuno, intanto cominciamo ad appiccicargli addosso l'etichetta di fascio, a dipingerlo come un pericolo per la democrazia, poi si vedrà.

Il fascismo immaginario serve a serrare i ranghi, a ritrovarsi insieme stretti nei cortei, a darsi un tono e un'identità, a dire qualcosa quando non si sa che cazzo dire, ma soprattutto è un formidabile manganello per colpire chi non è gradito. Pensateci bene. Il mondo degli intellettuali *de sinistra* e da salotto, quelli che ancora campano nei giornaloni con le loro riflessioni pensose e dotte, i conduttori militanti dei talk show (quelli che soltanto loro ti raccontano tutto, non nascondono niente e non si piegano ai potenti di turno, almeno così ve la raccontano) e la lunga fila di registi, attori, cantanti e ballerini, ecco, tutto questo mondo usa, in realtà, la parola «fascismo» per screditare l'avversario e strappargli ogni patente di presentabilità.

Sono tutti un po' fascisti, populisti, sovranisti, nazionalisti, sfasciacarrozze, agitatori del caos. Se la pensi in modo diverso, se soltanto osi contraddire il politicamente corretto in ogni campo, ecco che arriva il timbro in fronte: sei fascista, dunque pericoloso. Punto. Non puoi nemmeno provare a discolparti. Non ti è concesso di proferire parola in tua difesa.

Per la sinistra, tutti, a turno, diventano fasci, o fasciopopulisti, o fasciosovranisti, o persino tecnofasci: Berlusca, Salvini, Meloni o Renzi, ma anche Beppe Grillo e i grillini per un certo tempo sono stati reputati moderni fascisti, però solamente quando rubavano consensi al Pd. Fascista è ovviamente Donald Trump, che è pure un po' nazista, insieme all'altro gaglioffo nazistoide di Elon Musk, che andava bene fino a quando non ha sposato i repubblicani. Se un movimento di destra o di estrema destra – etichette ridicole, che vengono adoperate solo per spaventare i cittadini – prende voti e magari punta legittimamente a governare un Paese, ecco che si avvicina l'onda nera e scatta l'allarme democratico. Fascista, fascistoide o tendente al nero è chi vuole chiudere i confini ai clandestini o chi auspica che questi vengano rispediti nei Paesi d'origine; fascista, oltre che razzista, è la Polizia che manganella i manifestanti che tirano pietre e lanciano molotov contro gli agenti; fascisti sono gli alpini innamorati della figa; fascista è chi combatte l'aborto, come altrettanto fascista è chi non vuole i matrimoni froci; fascista è tutto quello che non piace ai progressisti, i quali ci hanno proprio stufato.

Doppiopesismo antifa

Ricorriamo a qualche piccolo esempio pratico dell'ipocrisia dell'antifascismo nostrano. Se uno scrittore impegnato come Roberto Saviano viene querelato e portato in tribunale dal presidente del Consiglio di destra o da un ministro di destra perché li ha definiti «bastardi», allora si tratta di un'intimidazione da parte del potere contro i suoi oppositori; se il sottoscritto, o un qualsiasi altro giornalista considerato un lacchè della destra avesse detto, come ha fatto Saviano, che Elon Musk è un «maledetto» («Che tu sia maledetto» ha evocato poetico, dopo quel presunto braccio teso del fondatore di Tesla) e farà «una fine violenta», avrebbero chiamato i caschi blu dell'Onu per farmi arrestare e internare. O pensate solo a cosa sarebbe accaduto se, chessò, un Paolo Del Debbio o un Mario Giordano avessero dichiarato, come ha fatto lo scrittore partenopeo con la Meloni, che un politico di sinistra «è sotto estorsione» dei criminali libici, apriti cielo! Processi, incriminazioni, patiboli già pronti. Se solo avessi pronunciato un terzo delle cose che alcuni commentatori o politici di sinistra o simil tali, tipo Alan Friedman e Antonio Caprarica, hanno detto di Donald Trump (gangster, mafioso, capo di una banda di ricattatori, fascista, nazista...), sarei già stato esiliato, e manco nella bellissima Ventotene. Se si tratta del presidente americano repubblicano (eletto con procedure democratiche, non dimentichiamolo), tutto è consentito: pure i commentatori come Beppe Severgnini, sempre così attento alle cosiddette frasi d'odio, o a farci lezioni su come si dovrebbe parlare in pubblico, ha osato dire che Trump è «un anziano problematico», da fare vedere, uno che ha una «collezione di disturbi mentali». Quando hai a che fare con uno di destra, puoi andarci giù pesante, tra applausi e risatine di approvazione dei tuoi sodali. Prendiamo il generale Roberto Vannacci, al quale il progressismo nostrano ha detto praticamente di tutto, tanto che si potrebbe riempire un intero libro: odiatore, istigatore delle peggiori turpitudini, ovviamente fascista, *ça va sans dire*, ma anche un po' hitleriano, omofobo, discriminatore, maschilista, retrogrado, negazionista, putiniano, servo delle dittature, con tanto di processi in tribunale finiti nel nulla; per non parlare di un manifesto realizzato dal Pd in cui c'era la sua faccia praticamente cancellata da una scritta, «Ignoratelo», come a dire che il soggetto non è degno della società civile, va escluso, sbianchettato, marginalizzato. Che se un esponente di destra lo avesse fatto con un importante rappresentante della sinistra, avrebbero già messo in moto Polizia, pm e pure gli amministratori di condominio.

Si potrebbe continuare all'infinito con esempi di questo tipo. Se un professore illuminato e rispettato a sinistra come Luciano Canfora utilizza la parola «neonazista» per descrivere il capo del governo, e sottolineo «neonazista», ecco che scatta immediata la solidarietà dei circoli intellettuali e giornalistici contro la denuncia del premier: «Nessuno tocchi Canfora! Attacco alla libertà!». Ancora. Quando la comica Luciana Littizzetto viene querelata da un gruppo di militari per avere affermato, nello studio di *Che tempo che fa*, programma condotto da Fabio Fazio, che «noi italiani facciamo cagarissimo a combattere, non siamo capaci di fare le guerre», ovviamente si grida al regime e alla censura. Personalmente, non avrei mai portato in tribunale nessuno per questo tipo di affermazioni, Littizzetto & Co. facciano quello che vogliono, ma si becchino le incazzature di chi non la pensa come loro, dato che ci rompono le scatole con il politicamente corretto, il buonismo delle parole, le regole da seguire, l'importanza della lingua e altre menate del genere. E si becchino anche i processi, dato che sono sempre stati affezionati alle sentenze contro gli avversari politici e hanno sempre santificato i magistrati quando serviva alla causa.

Ecco, la legalità. Ovviamente vale il rispetto della legge, ma a corrente alternata. Quando un'esponente antifa come Ilaria Salis ha dei precedenti penali, piccoli o grandi che siano, la parola d'ordine è minimizzare e buttarla in caciara: e che sarà mai, sono cose poco importanti, può accadere a chi fa militanza politica di occupare una casa o di far scoppiare un petardo. Stesso ragionamento vale ovviamente per l'ex sindaco di Riace, Mimmo Lucano, assolto da reati come truffa, peculato, falso ideologico e abuso d'ufficio, ma comunque condannato in via definitiva a diciotto mesi per falso in una delibera comunale per l'accoglienza ai migranti. Ecco, non mi scandalizza che Lucano e Salis siano al Parlamento europeo con il voto popolare. Non mi scandalizza per nulla, lo ritengo, anzi, un grande esercizio democratico. Lo dico sul serio, non sto scherzando. Però trovo insopportabile il doppiopesismo di chi li ha candidati e sostenuti, Pd, Sinistra, Verdi e compagni vari: gli stessi che rimproveravano a Berlusconi di volersi sottrarre alla giustizia riparandosi dietro lo scranno parlamentare, gli stessi che ci fanno due coglioni così ogni giorno sulle regole da rispettare, sui diritti di chiunque, pure delle rane che attraversano la strada, sulle sentenze che, per carità di Dio, mai si possono mettere in discussione e che invece, quando si tratta dei loro amici, fanno spallucce e se ne fottono.

Infatti, la regola che prevale nella Repubblica dell'ipocrisia antifa è la seguente: se gli insulti vanno da destra a sinistra, è incitamento all'odio, se invece vanno da sinistra a destra, sono libere opinioni; se sei uno dei buoni che si proclamano «antifascisti» appena suonata la sveglia del mattino, ebbene, puoi fare quello che ti pare, anche picchiare un poliziotto, o infamare chiunque con i peggiori epiteti, fare a pezzi l'avversario dicendogli di tutto. Tanto alla fine sarai sempre perdonato e coccolato.

Il caso Marinelli, ovvero «chiagnere e fottere»

Nicolás Gómez Dávila, per chi non lo conoscesse uno dei più grandi autori di aforismi della modernità e pensatore conservatore di origini colombiane, ha scritto che l'impegno sociale è roba per prostitute. Con tutto il rispetto per le prostitute, questo è diventato l'antifascismo in Italia: prostituzione delle menti. Un eterno strumento di marketing per attori, cantanti, scrittori, alcuni sul viale del tramonto, con la necessità di sbarcare il lunario e darsi una qualche abbronzatura mediatica, oppure semplicemente un modo per dire al mondo: «Eccomi, ci sono anch'io, sono sempre fedele alla linea».

L'antifascismo in assenza di fascismo è rumore di

fondo, marchetta, impasta e impesta le bocche quando latitano i contenuti, rimpingua i conti correnti, fa scoprire all'opinione pubblica sconosciuti consiglieri locali con le loro petizioni e le loro delibere per imporre la professione di antifascismo, per affittare sale e teatri dei loro Comuni. L'antifascismo è stata cosa seria, decenni fa, quando c'era il regime: c'è gente che ha patito il freddo delle galere e la solitudine del confino, altri sono morti o hanno subito lutti sfidando il potere e guardandolo ben dritto negli occhi; i veri antifascisti, quelli che hanno scritto la Costituzione sempre evocata, spesso a sproposito, dovrebbero essere i primi a indignarsi quando si trovano davanti il mantra televisivo di un antifascismo vuoto, sterile, privo di qualunque senso. Tommaso Cerno, direttore de *Il Tempo*, ha osservato: «Bisognerebbe farsi una domanda. Viveva più gente sulle spalle di Mussolini nel Ventennio, oppure oggi? C'è un pezzo della sinistra che vive solo di lui, vive solo prendendo dei pezzetti di nostalgici fascisti che ci sono stati sotto tutti i governi e ascrivendoli al governo Meloni. Adesso gli attori e i cantanti usano l'antifascismo per vendere film e dischi... Oggi Mussolini dà da vivere a tanta gente, è il datore di lavoro di tre quarti dell'opposizione sinistra italiana, non solo quella politica, ma anche quella culturale, fino ad arrivare a quella cinematografica». Ha perfettamente ragione: senza il duce del fascismo, molti sinistri non saprebbero di cosa parlare né dove sbattere la testa, mentre altri da illustri sconosciuti hanno guadagnato picchi di popolarità mai avuta prima. Sono costoro che hanno tutto l'interesse a tenere viva la fiammella del fascio, mica la destra.

Antonio Scurati, lo scrittore Antonio Scurati, diventa Scurati con Mussolini e grazie a Mussolini (lo vedremo dopo), mentre l'attore Luca Marinelli, invece di dirci: «Sono orgoglioso di interpretare un personaggio così controverso», si deve giustificare *urbi et orbi*. Ecco, il caso Marinelli: la dimostrazione del fatto che l'antifascismo si può trasformare anche in ossessione, in una roba da lettino di psicanalisi (detto con tutto il rispetto per quelli che hanno problemi seri). Occhi sgranati e voce tremula, nemmeno fosse l'allucinato Christopher Walken ne *Il cacciatore* sottoposto a tortura dai Viet Cong, Marinelli informa il mondo del suo disagio esistenziale nell'aver dovuto, suo malgrado, interpretare Mussolini, quasi che gli sia stato imposto pistola alla tempia, nella serie ispirata ai romanzi di Scurati. Quando Bruno Ganz ha vestito i panni, o meglio, la divisa, di Adolf Hitler, ripetiamolo, Adolf Hitler, ne *La caduta*, non si è gettato a terra strepitante scusandosi con l'universo intero per avere personificato quel sanguinario dittatore. Un attore sa perfettamente che sta recitando una parte, non aderendo alla natura del personaggio o alle idee che quest'ultimo rappresenta.

Marinelli ci ha tenuto a rimarcare in ogni occasione e in ogni intervista, a scanso di equivoci, a beneficio di radio, televisioni, taccuini della carta stampata, che per entrare nel ruolo del celebre dittatore ha «dovuto pompare il suo lato oscuro», e che senza dubbio quell'interpretazione lo ha segnato molto, forse in modo traumatico.

«È devastante come Mussolini abbia distrutto la vita di tante persone: è stato orrendo da vedere. C'erano delle scene in cui mi fomentavo con lui e provavo tristezza nel farlo. Per affrontare quei momenti, dovevo pompare il mio lato oscuro, ed è stato un processo molto doloroso. Mi hanno colpito molto le scene in Parlamento, dove anche lì Mussolini non celava nessuna delle sue mire: articolare quelle parole è stato spaventoso». Siccome nel suo ambiente basta il minimo sospetto di collusione, cedimento o accondiscendenza con l'odiato regime o con il governo delle destre meloniane per veder compromessa una carriera, ecco che bisogna drammatizzare: «Mi sono preso la responsabilità di non stare in silenzio e di lottare contro il fascismo... ho interpretato Benito Mussolini come in una missione antifascista». Ma caro Marinelli: un film è solo un film, non è un manuale di storia, non è una lezione universitaria, non è come andare in montagna coi fucili! Però, attenzione, ci avverte il Luca prostrato e marchiato dalle fatiche mussoliniane, «la storia, lo stiamo vedendo, ritorna e oggi vedo tante sottovalutazioni...»: come può mancare il riferimento al governo fascio della Meloni, che non c'entra una fava, ma fa sempre comodo infilarcelo dentro?

Memorabile ancora la parte in cui l'attore ci fa sapere di avere dovuto persino vincere le resistenze della nonna, che era molto dubbiosa sull'infamante incarico artistico, tanto è radicato il sentimento antifascista in famiglia: «È la prima persona a cui ho parlato della serie. Non potrò mai scordare la sua faccia… Mi ha chiesto "perché"? Sono rimasto per qualche secondo in silenzio, poi ho spiegato».

Ma ve lo immaginate Marinelli la domenica, a pranzo dalla nonna, con le pastarelle sotto il braccio, che si ferma tremante davanti all'anziana signora e le chiede di sedersi, poiché le deve fare un annuncio delicato, e quella, giustamente, inizia a preoccuparsi, in quanto si sa che i giovani di oggi sono tutti scapestrati, e il nipote chissà cosa dovrà rivelarle? Ebbene, non deve comunicarle che si droga o altra roba simile. La informa del fatto che farà Mussolini in una serie tv.

Ed ecco la nonna che, sgomenta, sconvolta, peggio che se le avesse confessato l'innominabile, gli chiede il motivo di cotanto tradimento. Come se ne esce? Le nonne sono le nonne, i sentimenti sono importanti, la famiglia pure: «Mia nonna all'inizio di ogni anno mi fa un regalo, ricevo sempre la tessera dell'Anpi con la crocetta su "antifascista"». Ma ecco la soluzione: «La prima volta ho visto tutta la serie di fila con lei, mio padre e mia madre; li ho portati a

Cinecittà e lo abbiamo visto per sette ore di seguito. Quando lei ha detto che avevo fatto bene, sono stato molto felice... il cerchio si è chiuso di nuovo a casa sua. Mi rivedo nel letto, di notte, a casa di mia nonna. Ho sentito di nuovo i capelli, il corpo che cominciava a ritornare. E in quel momento sono scoppiato a piangere. Era come un chiedere scusa a me stesso per essere entrato in una zona così dolorosa e così pericolosa».

Ora, diciamoci la brutale verità: a chi guarda una serie tv non frega un bel niente del disagio e della disperazione patiti da Marinelli. Anche perché evitare una tale devastazione dell'anima non sarebbe stato complicato: bastava rinunciare alla parte e salvare così la coscienza antifa. Ma a rimetterci sarebbe stato sicuramente il portafoglio. Però l'adorabile, bello e strepitoso (lo dico senza ironia, è un attore bravissimo) Marinelli fesso proprio non è: molto meglio, come dicono a Napoli, *chiagnere e fottere*, ovvero incassare e frignare per il sacrificio fatto, così da timbrare il cartellino e riaffermare la propria appartenenza al circuito della cultura militante.

O ti proclami antifascista o vai via!

C'è poi l'altro passatempo preferito dei cosiddetti progressisti: combattere il presunto fascismo con atteggiamenti davvero, oggettivamente, fascisti. È il caso delle delibere comunali, che prevedono la clausola di antifascismo per affittare sale o teatri pubblici, che contraddice platealmente quanto essi stessi sostengono. È una cosa che mi fa andare il sangue al cervello, una roba che mi fa incazzare come una bestia.

Se la Costituzione nasce dalla resistenza antifascista, se è la sintesi delle forze che hanno combattuto il fascismo, e quindi la Repubblica nella quale viviamo è figlia dell'antifascismo e uno dei valori fondativi del nostro ordinamento è la libertà di parola, che senso ha un pezzo di carta con cui bisogna gingillarsi definendosi questo o quello per avere il permesso di aprire bocca? L'obbligo di dotarsi della patente di antifascista per essere autorizzati a esprimere il proprio pensiero non contiene in sé qualcosa di assolutamente totalitario e illiberale?

La clausola di antifascismo, ovvero l'affermazione di un'esibita democraticità, esposta come prova inconfutabile di essere e di stare dalla parte giusta e di ripudiare il fascismo, ha una funzione politico-strumentale, ipocrita, bieca e gretta: fare dell'antifascismo una bandierina di parte, da agitare contro i nemici per silenziarli, silurarli. Una forca caudina sotto cui farti passare per umiliarti, per mettere nero su bianco che sono loro a stabilire chi può parlare: la negazione dei principi di libertà che a voce sostengono di voler tutelare e celebrare.

Durante il tour di presentazione del libro *Via Crux* è accaduto. A Lodi, ospite di Lodi Liberale – un'associazione di liberali, non un pericoloso gruppetto neonazista – pochi giorni prima del mio arrivo, il consiglio comunale (a maggioranza di sinistra, ovviamente) ha approvato una delibera che imponeva a chiunque volesse prendere in locazione una sala del Comune di siglare una dichiarazione di antifascismo. Da notare che l'associazione in questione prendeva in affitto spazi comunali da oltre dieci anni pagando regolarmente, e non occupandoli come fanno di solito i beniamini di una certa sinistra. Va da sé che mi sono rifiutato di firmare alcunché, come ha fatto anche Lodi Liberale, col risultato che i paladini antifa che amministrano il piccolo centro lombardo hanno perso anche dei soldi: complimenti, i cittadini ringraziano. Non posso accettare l'idea che uno debba dichiararsi qualcosa sottoscrivendo un pezzo di carta allo scopo di potere esercitare il diritto di parola. La cosiddetta delibera antifascista è, questa sì, una roba fascistissima. Si tratta di un ricatto morale, un modo di cucirti addosso la lettera scarlatta dell'infamia: non firmi? Significa che sei per forza di cose fascista. Un modo per additarti alla pubblica opinione come mostro.

E invece no. Non funziona così.

Non firmo perché non mi faccio impartire lezioni di etica, non mi rassegno all'attribuzione di patenti di agibilità da parte di gente che poi, alla faccia della democrazia, del rispetto, della libertà, della tolleranza, quando i collettivi e i centri sociali rischiano di incendiare una città per impedirti di presentare un libro – come è accaduto a me e al generale Roberto Vannacci a Vicenza –, rimangono in silenzio fischiettando e girandosi dall'altra parte con le mani in tasca. In quei casi, i progressisti fanno come l'opossum della Virginia, si fingono morti pur di non proferire mezza parola di solidarietà e di condanna della violenza rossa. In questo caso, l'intolleranza, l'intimidazione, lo squadrismo vanno bene, dipende sempre dal colore politico. A quelli dei centri sociali, con le loro manifestazioncine non autorizzate, nessuno chiede mai di firmare niente o di dichiararsi profondi e sinceri democratici. Basta loro impugnare il manico della bandiera arcobaleno o quella palestinese per essere considerati «giusti», pure quando con il passamontagna lanciano sassi e bombe carta sugli agenti, ferendoli e spedendoli in ospedale. Ci sono centri sociali che spesso commettono azioni violente, vedi l'Askatasuna di Torino, che occupano, spaccano, picchiano, proclamano insurrezioni che mai ci saranno, sono nemici giurati delle istituzioni, ma vengono difesi, graziati: a loro non viene chiesto alcun lasciapassare, anzi, con questi figuri si comincia una trattativa per regolarizzare le occupazioni! I violenti, se stanno a sinistra, sono un po' meno violenti e vengono coccolati, compresi, accarezzati. Avete mai visto la sinistra istituzionale proferire parola quando David Parenzo è stato contestato alla Sapienza di Roma, o quando hanno provato, sempre all'Università romana, a picchiare Daniele Capezzone in occasione della presentazione di un libro? O quando ai gruppi universitari di destra legati al partito della Meloni, dunque non bombaroli eversivi, impediscono regolarmente di fare politica con aggressioni e minacce? Io non ho mai sentito nessun progressista battersi per la libertà di espressione dei suoi avversari. Se ci sono, si contano sulle dita di una mano: a Lodi e altrove bisogna fare muro contro chi non si dichiara antifa, tutti allineati... Ma vaffanculo, va'.

Mussolini? Fuori da questa città, perbacco!

Altra cosa ridicola è quella dei Comuni che, d'un tratto, da veri cuor di leone, decidono di revocare la cittadinanza onoraria a Mussolini, che ovviamente fu concessa a piene mani durante il Ventennio. La «cittadinanza onoraria» è un vezzo che molti Comuni concedono spesso per farsi pubblicità, e che in altri casi tolgono per lo stesso motivo. Vengono omaggiati di questa inutile onorificenza personaggi illustri o presunti tali, il più delle volte nati oppure originari di quelle zone e poi emigrati altrove.

Ora, è del tutto evidente che codesto premio, la cittadinanza, appunto, venne data a Benito Mussolini per compiacenza, servilismo, insomma, perché era il capo, il dittatore assoluto, e i suoi adoratori (la stragrande maggioranza dei cittadini italiani dell'epoca), in particolare quelli che guidavano città e paesi, volevano in qualche modo compiacerlo e attirare la sua attenzione, sperando magari in qualche prebenda o favore. Cose normali che accadono nelle dittature e pure nelle democrazie; a maggior ragione, a parere di chi scrive, cancellare un fatto storico, cercare di eliminare la prova di quello che accadde tanti anni fa, non ha senso: le carte che davano la cittadinanza onoraria al cavalier Benito Mussolini sono una delle testimonianze storiche della sottomissione degli italiani all'autocrate. E, com'è noto, erano davvero tanti, tantissimi quelli che lo omaggiavano e lo veneravano: anche coloro i quali, un secondo dopo la sua caduta, si scoprirono anti, e magari diventarono rossi, da nerissimi quali erano.

Così, mentre il cadavere di Mussolini giace nella tomba, decomposto da decenni e ricordato solo da un manipolo di nostalgici che non rappresentano un pericolo per nessuno se non per qualche mente malata che ha tutto l'interesse a speculare sull'allarme fascismo, decine di amministrazioni comunali progressiste vengono convocate praticamente all'unisono per la revoca della cittadinanza all'Uomo Nero: un fatto urgente, importante, improcrastinabile. Non a caso, il boom di queste minchiate si è registrato dal settembre del 2022, cioè dal momento dell'insediamento del governo guidato da Giorgia Meloni. Solo una coincidenza? Soltanto i babbei possono pensarlo. Trattasi infatti di marketing e marchetta a costo zero, prendendo un morto e facendolo in pratica resuscitare a uso e consumo degli elettori.

Alla vigilia del 25 aprile 2025, ecco che il Comune di San Clemente, in provincia di Rimini, revoca la cittadinanza all'odiato duce e la consegna invece a Giacomo Matteotti. Con tanto di discorso trionfante e serioso del sindaco (sindaco e non sindaca, che mi suona male, mi fa orrore), tale Mirna Cecchini, che in questo modo ha fatto apprendere all'Italia della sua esistenza politica altrimenti relegata all'entroterra romagnolo: «Revocare la cittadinanza onoraria a Mussolini significa prendersi la responsabilità di giudicare con determinazione e piena maturità un passato costellato da atrocità, economia inesistente, azzeramento, in modo scientifico, quasi chirurgico, del pensiero critico». Secondo l'Ansa, avrebbe anche detto: «In un'epoca in cui il coraggio delle proprie azioni e l'intransigenza verso le bestialità sembrano venir meno, l'esempio di Matteotti è pronto a ricordarci che la democrazia e la libertà non sono beni scontati e facilmente ottenibili. Bensì l'epilogo di faticose conquiste personali e collettive, la spina dorsale dei popoli capaci di rialzare la testa; traguardi che richiedono responsabilità, vigilanza continua e partecipazione convinta». Già, bisogna vigilare, perché con le destre al governo l'autoritarismo è dietro l'angolo, il fascismo può ancora tornare. Ma viene da domandarsi: in tutti questi anni, dove sono stati questi fieri antifascisti? Se è vero che tali odiose cittadinanze sono state consegnate negli anni Venti, cosa avete fatto finora? Avete dormito? Avete sopportato che la vostra città fosse disonorata per decenni da una pergamena ormai impolverata e bisunta? A Isernia, il capogruppo del Pd, un certo Di Lollo, ci ha tenuto tanto a spiegare che «la cittadinanza onoraria, attribuita all'epoca come atto di adesione ideologica al regime fascista nascente, è oggi ritenuta incompatibile con i valori della Costituzione repubblicana e con il sentimento democratico che deve appartenere a uno Stato civile». Tutto giusto, per carità. Ma ci avete messo qualche decennio a capirlo? E a che serve?

Molte di queste delibere sono volute da sindaci eletti da pochissimo tempo, ossia sono state emesse nei primi cento giorni di amministrazione, quando si dovrebbero realizzare i provvedimenti più urgenti, quelli essenziali per la comunità. Strade? Servizi sociali? No. La revoca della cittadinanza al Pelatone. Ma l'imbecillità dilaga e l'epidemia delle revoche, col governo di destra nel mirino, non conosce confini. Spesso l'Anpi, l'Associazione nazionale partigiani che non rappresenta più nessuno, ordina, e i Comuni *de sinistra* eseguono, come a Ozzano dell'Emilia. Un sito web dell'estrema sinistra ha persino pubblicato una mappa delle città ancora «infestate», e quelle invece (come per esempio Biella) «re-infestate», che hanno cioè riconfermato l'onorificenza. Tra le cittadine liberate cento anni dopo c'è anche Troina, minuscolo paese in provincia di Enna, dove si affrontarono nazifascisti in fuga e americani, i cui abitanti immaginiamo non aspettassero altro; naturalmente non poteva mancare la famigerata Salò, dove per fortuna un governo comunale progressista ha vinto tutti gli ostacoli e riportato un po' di giustizia e onore a un luogo dove aleggiavano i fantasmi del Ventennio. Che cosa patetica e senza senso: una corsa a chi è più cretino. Ecco, togliere la cittadinanza onoraria a Mussolini a Salò è come abbattere una statua, come distruggere un monumento: tipico della cultura woke e di quella autoritaria della cancellazione. In fondo, come facevano i talebani.

Tutto è fascismo

A partire dal settembre del 2022, siamo in preda a una sorta di delirio collettivo, una psicosi irrefrenabile: vedono fascismo ovunque, in qualsiasi cosa si muova che i cosiddetti progressisti non controllano. Tutto è un pericolo o un potenziale pericolo, perché proviene da gente che loro non considerano degna non solo di governare, ma neppure di sedere a tavola: inadatti, rozzi, incolti, sporchi, cattivi. Se non sei dei nostri, cioè della sinistra, puoi anche vincere le elezioni, ma resti un buzzurro, un paria, uno che deve essere escluso e ripudiato dal sistema. Nei talk show in tv e nel dibattito pubblico ti danno del populista, del sovranista, come se parlassero della merda. La destra fa spesso cose inutili, ma i suoi avversari sono fuori di testa. Il governo adotta un decreto contro i rave? È fascismo, senza dubbio. Fanno un decreto sicurezza per consentire alla Polizia di fare la Polizia? Chiaro, evidente segno di fascismo e autoritarismo pure quello; aumentano le pene per chi occupa le strade senza autorizzazione? Fascismo, fascismo, «si restringono gli spazi di libertà», gridano ovunque facendo finta di essere preoccupati. Lo dicono senza pudore, ben sapendo che nel nostro Paese ognuno fa spesso (e per fortuna) solo ciò che vuole. Ma possiamo continuare. L'esecutivo cerca di creare (malamente) dei centri per gli immigrati in Albania? Per carità, si tratta di deportazione, e usano questa parola come niente fosse, ben sapendo che le deportazioni le facevano i nazisti con gli ebrei. Le forze dell'ordine manganellano (molto raramente) qualche manifestante proprio perché non se ne può fare a meno? Eh, sono sgherri agli ordini dell'esecutivo, e ti raccontano che la tenuta democratica delle istituzioni è in pericolo; se un vigile urbano chiede le generalità a chi espone uno striscione sul 25 aprile, famoso nei media il caso di una fornaia ad Ascoli Piceno, ebbene, si forma immediatamente il movimento antifascista contro i controlli, considerati inutili e selettivi, con le presunte vittime della repressione brutale che fanno il giro delle tv a ogni ora del giorno e della notte, gridando alla mancanza di libertà. Il copione si ripete, ossessivo. Il presidente del Senato La

Russa ha un busto di Sua Eccellenza a casa? «Vergogna, vergogna» strillano gli anti, che però sono gli stessi che lo frequentano da decenni nei corridoi del Parlamento ridendo e scherzando; e sarebbe La Russa il pericolo per la democrazia? Fate ridere. Fratelli d'Italia ha ancora la fiamma nel simbolo del partito? Be', che la tolgano, perché è la prova che ancora arde la voglia dell'uomo forte, insieme alla nostalgia del duce; ogni piccola e ridicola adunata di personaggi che fanno il saluto romano fa scattare l'allarme... e il governo, che fa? Ma che cosa deve fare, arrestarli tutti? Ovviamente le marce a Predappio e le commemorazioni dei nostalgici c'erano pure quando al governo c'era il Pd (peraltro senza mai passare dalle urne, a proposito di democrazia...), ma nulla veniva fatto per impedirle semplicemente perché non si può fare. E meno male, aggiungo io: la presenza di frange estremiste, di destra o di sinistra è il pegno che ogni sistema democratico deve pagare; anzi, dico di più: il fatto che sia consentito a persone apertamente fasciste di scendere in piazza, senza divieti di alcun tipo, è il segnale che siamo un Paese al riparo da follie autoritarie.

Ma a sinistri e affini, in fondo, non importa nulla del fascismo o dell'antifascismo, importa solo ipocritamente elargire patentini di legittimazione politica. Una sorta di investitura formale di chi possa essere considerato degno di interlocuzione. E il parametro adoperato per compiere tale selezione è la valutazione circa la capacità del soggetto di genuflettersi, inchinarsi, sottomettersi, conformarsi. Se osi mettere in discussione il manifesto di Ventotene in Parlamento, argomento di cui non frega una mazza a nessuno, scatta l'allarme democratico. «Si inginocchi presidente Meloni di fronte ai visionari di Ventotene» urlava piangente uno sconosciuto deputato piddino circondato dall'affetto e dall'abbraccio dei suoi, come in un melodramma fuori tempo. In questo perverso giochetto, con le regole chiaramente truccate, l'antifascismo non ha più bisogno del fascismo vero e proprio. Tutto, potenzialmente, diventa fascismo, che torna utile per qualunque cosa. Siamo ancora a quel punto, fermi, immobili.

C'è infatti la trita e ritrita pagina dei «conti mai fatti col fascismo», un grande classico che si spolvera e si prende di peso dalla cantina degli arnesi in disuso, un'arma sempre utile da brandire contro chiunque non sia di sinistra, figuriamoci se poi al governo c'è qualcuno che è stato nel vecchio Movimento Sociale, peraltro morto e sepolto da decenni. La Meloni ha vinto le elezioni democraticamente? È a Palazzo Chigi col voto popolare, senza passare per inciuci e giochetti parlamentari? Il suo partito è salito in pochi anni dal tre al venti, venticinque per cento e oltre? Non vi è traccia, nella sua attività politica, di atti autoritari e contrari alla libertà di pensiero? Chissenefrega, per i progressisti e i loro portabandiera deve apertamente dichiararsi antifascista, ma come e quando dicono loro. Non basta avere proclamato di essere contro ogni forma di autoritarismo, totalitarismo e violenza politica, non è sufficiente la condanna del regime fascista «che aveva negato i valori democratici» e così via. No. Per quelli come Massimo Giannini, editorialista de *la Repubblica* e opinionista di punta del mondo progressista, non basta mai: «Dovrebbe dire di essere autenticamente antifascista, considerare il fascismo il male assoluto, e la Resistenza insieme all'esercito angloamericano ci hanno ridato la libertà». Dettano anche il testo, questi sinceri democratici.

P.S. A proposito di Ventotene, dopo che Meloni nel marzo del 2025 ha letto in Parlamento alcuni passaggi di quel testo, affermando in conclusione che quella non è la sua Europa, anche l'ex ministro della Salute Roberto Speranza ha fatto sentire la sua voce, decretando che non amare il Manifesto di Spinelli costituisce, in pratica, apologia di fascismo. Speranza, sì, lo stesso che, durante la pandemia, ha chiuso milioni di italiani in casa per mesi, quello che ha ideato insieme a Mario Draghi il Green Pass per uscire e andare nei ristoranti e negli uffici, proprio lui adesso ci spiega che se critichi un testo politico sei un fascista. Sarebbe da ricordargli che l'unico momento della storia repubblicana nel quale sono venute a mancare le libertà fondamentali, il periodo in cui è stato vietato a centinaia di migliaia di persone di salire su un autobus e nel quale le persone non vaccinate hanno perso lo stipendio è stato quello in cui lui era al governo. Sempre a proposito di sinceri democratici.

Scurati, ringrazia il duce!

La professione piagnucolante di antifascismo, quasi fosse una confessione pubblica, con tanto di nonne invocate a cui domandare conforto, consulenza e consiglio se accettare la parte o meno, è la carta di identità di un mondo della cultura e dell'arte che deve darsi metaforiche pacche sulle spalle per ribadire, nemmeno fosse la lavagnetta delle elementari, che da un lato stanno i buoni, e dall'altro, nell'ombra e lontanissimi da noi, i cattivi.

E chi sono questi cattivi, considerando che Mussolini è morto da ormai ottant'anni? Chiunque non vada a genio al composito e rutilante mondo di intellettualoidi e politicanti che adoperano l'antifascismo come fosse una clava, un formidabile strumento di delegittimazione di chiunque si opponga loro.

Gli ipocriti dell'antifascismo hanno sempre bisogno di martiri. Chi meglio di un sodale come Antonio Scurati? Per chi non lo conoscesse, Antonio Scurati è un filosofo, uno scrittore, un professore universitario. Certamente bravissimo, competentissimo, apprezzatissimo nelle sue varie attività; non ho mai avuto la fortuna di assistere a una sua lezione, non conosco la sua produzione accademica, però non dubito della sua professionalità: chi sono io per contestare un uomo di così enorme successo? Lo dico sul serio, senza alcuna ironia. Ma diciamo la verità: Scurati è diventato famoso, ricco, noto al grande pubblico, grazie a una saga in cinque volumi indovinate su chi? Su Benito Mussolini. La stessa che poi ha ispirato la fiction con Marinelli nei panni del duce. Il punto è che il nostro sfrutta magistralmente due botte di culo che gli piovono addosso: la vittoria della destra meloniana e il maldestro tentativo di bloccare un suo monologo su Rai 3 in occasione dell'anniversario della Liberazione del 2024. Non so come siano andate le cose, e nemmeno mi interessa, so solo che lo scritto era senza dubbio un atto di accusa nei confronti dei governanti di Fratelli d'Italia, incapaci di sconfessare «il passato neofascista», anzi rei di voler «riscrivere la storia»; per Scurati, il premier Meloni non ha mai «ripudiato nel suo insieme l'esperienza fascista», «ha scaricato sui soli nazisti le stragi compiute con la complicità dei fascisti repubblichini» e, soprattutto, colpa delle colpe, non ha mai «pronunciato la parola antifascismo», e dunque «lo spettro del fascismo continuerà a infestare la casa della democrazia italiana». Fosse stato per il sottoscritto, che non conta un fico secco, il suo monologo Scurati avrebbe dovuto declamarlo in prima serata, a reti unificate: la Meloni ne avrebbe avuto un ritorno di consensi clamoroso. Invece, da quel momento sarebbe iniziato un carosello itinerante e insopportabile dell'intellettuale censurato, con letture da parte dei conduttori di sinistra del testo incriminato, manco fosse il messaggio di un internato nelle patrie galere, ospitate con interviste a lingua fuori in qualsiasi trasmissione televisiva, paginate di giornale come se la vicenda fosse fondamentale per il destino dell'Italia; alla fine il nostro è stato invitato ovunque, e ovunque omaggiato: nelle piazze, nei teatri, nei festival, negli studi televisivi, dove ricordiamo un Fabio Fazio commosso davanti al novello epurato. E lui, senza risparmiarsi, da autentico eroe della Resistenza, impartisce lezioni sull'importanza della libertà che rischiamo di perdere, ammonisce sui pericoli che corriamo davanti al nuovo fascismo, attacca la Meloni e i suoi che non hanno «mai reciso i legami con i fascismi novecenteschi…». Che palle, ragazzi: non si è mai visto un martire, un perseguitato che parla, pubblica le sue opere, scrive sceneggiature di successo, incassa e continua a criticare i suoi presunti aguzzini. Non ne possiamo più: ma dove sta la censura, quella vera?

Montanari, un professore sull'Aventino

Siccome sono sinceramente affezionato alla libertà di espressione in ogni sua forma, spero davvero che tutti quelli che sproloquiano di fascismo possano farlo come e quando vogliono. Scrivo queste pagine solo perché non ne posso più dell'ipocrisia di chi vuole darci continuamente lezioni sulla democrazia e sui pericoli autoritari, e nello stesso tempo dimostra di essere intollerante nei confronti dei suoi avversari politici, interpretando il ruolo di sentinella della Costituzione.

Uno dei più ossessionati, tra questi ipocriti dell'antifascismo, è il professor Tomaso Montanari, rettore dell'Università per stranieri di Siena. Costui è spesso presente in tv, dove si esercita senza tregua nel ruolo di bastonatore delle destre, soprattutto da quando la Meloni è capo del governo: è particolarmente apprezzato nel gruppo ristretto di persone che fanno parte del club esclusivissimo e sinistrissimo di Lilli Gruber (nel suo programma di successo su La7, *Otto e mezzo*, la bravissima Lilli ospita ogni tanto anche un opinionista di destra, per esempio il mio amico Italo Bocchino, l'eroe che veste i panni del malcapitato da circondare e mettere al muro). Ho messo in fila una serie di affermazioni di Montanari negli ultimi anni, non per annoiarvi, ma per darvi l'idea del personaggio. Il prof, comodamente sprofondato in poltrona, ma sempre con l'aria corrucciata e preoccupata, descrive l'Italia come un Paese guidato da Unni che vogliono distruggere la civiltà. E dunque «è un governo che parla di sostituzione etnica, che ha un linguaggio violento... e quando un governo decide di mettere mano alle fondamenta della democrazia si deve aspettare che la democrazia reagisca»; il disastro è alle porte, il buio della dittatura sotto altre forme è già tra noi, ma potrebbe andare peggio: «contrazione dei diritti civili, sottomissione della magistratura, xenofobia... e quando la paura dello straniero diventa metodo politico, diceva Primo Levi, si imbocca una strada in fondo alla quale c'è il lager». Già, i lager, come negli anni Trenta. Se poi sente parlare di nazione o nazionalismo, Montanari parte in sesta: «Il destino della Nazione fa parte del vocabolario dei fascismi storici...». E come no, certo. Qualche ministro parla della necessità di fare più figli? Per carità, sacrilegio: «La fissazione per la natalità degli italiani è un'idea fascista, in correlazione con il timore di essere sostituiti da altri popoli: vogliamo tornare a pensare che il problema sia la natalità degli italiani, i figli biologici? In questo c'è la regressione di un secolo...». In un crescendo rossiniano, ogni provvedimento dell'odiato esecutivo porta il professore a essere convocato in tv da remoto, come fosse sull'Aventino in procinto di essere mandato al confino. «C'è repressione del dissenso, occupazione della cultura, querele alle voci contrarie, restrizione dei luoghi del dissenso e una criminalizzazione del dissenso» ci avverte una volta. Il giorno dopo, sempre libero senza gendarmi intorno, ci informa che «il decreto sicurezza è eversivo», che «la cultura politica del governo è il fascismo», e pure che «la destra è eversiva». Al che, uno che in quel momento ascolta, dovrebbe avvertire il suono stridente dei carri armati fuori dalle finestre, invece niente; così passano le settimane e si può ricominciare con l'indignazione. Meloni vuole portare gli immigrati in Albania? Eccolo ricomparire sul piccolo schermo a parlare di «deportazione», di «migranti imprigionati» e «odio verso il diverso», perché «le parole che questa maggioranza usa sulla sostituzione etnica sono le stesse che Hitler usava nel *Mein Kampf*, lo posso dimostrare con i testi». Ma trascorrono i mesi e ancora i vagoni piombati non si vedono, né vi è traccia del Baffino, dunque occorre alzare il tiro. La destra mondiale parla di libertà? Per il nostro è una libertà finta: «Libertà di non vaccinarsi e dunque di far circolare il virus e pazienza per i più deboli, libertà di avere le armi, libertà di alcuni, i ricchi, i maschi, i bianchi. Una libertà selettiva, anche Hitler e Mussolini parlavano di libertà». La Gruber si inventa un talk sulla questione fondamentale del simbolo di FdI? Montanari c'è: «La Meloni non può togliere lo stemma della bara di Mussolini, ha un partito di matrice fascista». Vince Trump e non Kamala? Montanari c'è: «Vedremo cose terribili, la prima potenza del mondo è in mano a una banda di criminali». Poi si torna in Italia, e c'è da commentare una dichiarazione del presidente del Senato La Russa: «Questi della destra hanno una visione fascista del potere, i vertici della Repubblica sono occupati da persone che non si riconoscono nei valori della Repubblica, nella Costituzione, i fascisti sono ancora fra noi... Chi lo avrebbe mai detto che l'ottantesimo anniversario del 25 aprile avrebbe rivisto i fascisti al governo?». Quattro scappati di casa fanno il saluto romano? Montanari vigila: «I fascisti non possono parlare, lo dice la Costituzione, che ha spogliato i fascisti della libertà di espressione». Non è vero, ma se lo dici fa figo. «Il fascismo» non si ferma il prof «non è un'opinione, è un delitto. Non si può essere tolleranti con gli intolleranti, perché alla fine toglieranno la libertà.» Alla fine, in tre anni, ho contato più di cento citazioni della parola «fascismo», che è diventato un tic, un rumore di sottofondo, un meme. E poiché è di tutta evidenza che l'Apocalisse democratica immaginata dal nostro prof non si è realizzata, e resta un interrogativo: ma questi tipi alla Montanari ci fanno, o sono proprio così? Ah, saperlo.

Vannacci? È fascista, mettiamolo a tacere

Per i progressisti, o presunti tali, chiunque si collochi dall'altra parte dello schieramento politico è sicuramente un corrotto, un ignorante, oppure un fascista, anzi, spesso le tre cose messe insieme. Per questa ragione, quando un personaggio dell'area di destra comincia ad avere consensi nel Paese, essi si agitano e ha inizio la mobilitazione antifa. Il bello è che nonostante questa tattica si riveli ogni volta fallimentare, coloro che si proclamano orgogliosamente antifascisti non si arrendono, non desistono, non arretrano di un millimetro: non avendo solidi argomenti, si attaccano alle solite cazzate. D'altra parte, c'è da ammettere che agitare di continuo lo spettro del duce e i fantasmi del Ventennio è a costo zero, e dunque è molto comodo campare di rendita. Così, per costoro la dittatura è sempre dietro l'angolo, spesso evocata pure da organi d'informazione internazionali la cui autorevolezza è stata da tempo smentita; poco prima di vincere le elezioni, la Meloni veniva dipinta dal *New York Tim*es come una figura che si considera «esplicitamente erede della tradizione fascista», mentre per i tedeschi del *Der Tagesspiegel* era né più né meno che una «fascista di belle speranze», o, secondo un altro quotidiano teutonico, «l'erede di Mussolini»; «il primo leader italiano di estrema destra dopo Mussolini» avvertì preoccupato il quotidiano progressista britannico *The Guardian*, con «un partito radicato nell'eredità nazionalista e autoritaria del fascismo», rincarò il quotatissimo e citatissimo *Financial Times*.

Ovviamente, del fascismo non si vede traccia: nessuna legge liberticida, nessuna marcia su Roma, nessuna censura, nessuna fine dello Stato di diritto, nessuna morte della democrazia. Niente di niente.

Ma i sinistri non mollano. E allora, sotto col generale Roberto Vannacci, autore del bestseller *Il mondo al contrario*, e comunque la si pensi protagonista di uno dei casi più straordinari di ascesa politica che la politica ricordi: un militare che con la sola forza delle idee e con una copertura capillare del territorio, in pochi mesi è passato dalle caserme alle piazze, raccogliendo oltre mezzo milione di voti alle elezioni europee. A Vannacci – che pure ha cercato i consensi in modo tradizionale, quasi porta a porta, in maniera assolutamente e genuinamente democratica – hanno detto di tutto: maschilista, misogino, omofobo, razzista, patriarcale, traditore, filoputiniano, truffatore; lo hanno persino accusato di fomentare l'odio razziale, e la pallavolista Paola Egonu ha provato a farlo condannare in tribunale (con scarsi risultati) per avere osato dire che «una persona che ha i tratti somatici del centro Africa non rappresenta la stragrande maggioranza degli italiani, che invece sono di pelle bianca». In origine, nel suo libro si era espresso così: «anche se Paola Egonu è italiana di cittadinanza, è evidente che i suoi tratti somatici non rappresentano l'italianità che si può invece scorgere in tutti gli affreschi, i quadri e le statue che dagli Etruschi sono giunti ai giorni nostri...»; personalmente, non lo avrei mai detto, però che c'entrano i giudici? Dov'è l'offesa? Eppure, apriti cielo. Anche sul generalissimo è ovviamente piovuta addosso l'accusa di fascismo. Un classico immancabile. «Lei non vuol dire quello che è, e cioè *io so' fascista*, che secondo me è più dignitoso» gli disse Carlo Calenda durante un dibattito tv, ove riapparve pure Rosy Bindi, evidentemente fomentata da cotanto pericolo rappresentato dall'uomo con le stellette. «Se dico che le idee di Vannacci sono quelle di un fascista, si offende o per lui è un complimento?» se ne uscì l'ex ministro. E avanti così, passando per il forzista ex leghista Flavio Tosi («Vannacci è un fascista di fatto per tutti i richiami che fa e per le posizioni che assume» disse colui che tempo prima era stato accusato delle stesse cose per aver detto che Mussolini aveva fatto anche cose buone), l'Associazione nazionale partigiani e chi più ne ha più ne metta. Ora, mentre non c'è uomo politico di sinistra che non lo abbia in qualche modo accusato di simpatie fascistoidi, nessuno di quelli che stanno col ditino alzato a dare lezioni di democrazia gli ha mai espresso solidarietà per le decine di volte in cui i centri sociali o altre associazioni hanno tentato di silenziarlo, cercando con le buone o con le cattive di annullare i suoi eventi; non ho udito nessun antifascista rosso, ma neppure fucsia, difendere la libertà di espressione per tutti, anche quella di Vannacci. La solita storia: la libertà di espressione per la sinistra vale a giorni alterni, soltanto quando fa comodo e quando riguarda i suoi paladini; nel caso in cui l'avversario diventi popolare, allora in nome dell'antifascismo gli si possono attribuire le peggiori nefandezze, e quindi lo si può spogliare di qualsiasi diritto, compreso quello di parlare. Chi sono i veri intolleranti? Avete mai sentito il generale invocare la censura nei confronti di qualcuno? No. Ma il tribunale del popolo dei buoni ha deciso che Vannacci, in fondo, è fascista, e cosa meritano i fascisti se non essere appesi a testa in giù?

L'ipocrisia contro le forze dell'ordine

Pagati poco e pure presi a mazzate

Vengono chiamati guardie o sbirri, in modo dispregiativo. Durante i cortei sono dileggiati, insultati, offesi, colpiti con ogni oggetto, senza che possano reagire, altrimenti sono guai; si vedono spesso persone che a volto scoperto si avvicinano a un blindato della Polizia o dei carabinieri e lo colpiscono con mazze di ferro, bastoni, pietre, urlando qualsiasi bestialità; quando parte una carica con qualche manganellata, è sufficiente far girare su internet le immagini di un ragazzo sanguinante, che subito parte la caccia all'agente fascista e violento, e in Parlamento si apre il dibattito su quanto sono cattive le nostre divise; non possono mai parlare in pubblico, non possono mai far valere le proprie ragioni in televisione, perché la loro divisa glielo impedisce; sono costretti a difendersi, molto spesso prosciugando i propri risparmi, tutte le volte in cui, facendo il loro mestiere, la magistratura li mette sotto accusa; ormai le pattuglie ci pensano non una, ma mille volte prima di inseguire presunti criminali, perché anche l'inseguimento va fatto in modo gentile, per non urtare la sensibilità e le anime belle dei progressisti indignati comodamente seduti in poltrona; i tutori dell'ordine guadagnano un cazzo, se consideriamo il compito fondamentale che hanno, cioè quello di proteggerci dai delinquenti; gli organici sono ridotti all'osso, mancano i giovani, le dotazioni sono obsolete, scarseggiano divise e scarpe di ricambio. Spesso si pagano di tasca propria l'equipaggiamento, gli uffici sono fatiscenti, uno schifo; senza di loro, la nostra libertà non esisterebbe, perché la sicurezza è il fondamento della democrazia: eppure, vengono mandati allo sbaraglio contro i facinorosi, senza alcuna possibilità di utilizzare le armi di cui sono dotati; vengono accusati di razzismo e pregiudizio nei confronti degli extracomunitari, come se un agente si mettesse a distinguere tra un delinquente bianco e uno nero; se un povero militante dei centri sociali o uno studente finisce in ospedale, seguono dibattiti in televisione sulla Polizia al servizio dei governi di destra, mentre le teste spaccate e i ferimenti degli uomini in divisa valgono meno di zero. Ecco, questa è la situazione delle forze dell'ordine in Italia, né più né meno. Un sindacalista della Polizia, Pasquale Griesi, ha fatto tempo fa un discorso che andrebbe declamato in Parlamento un giorno sì e l'altro pure: «Abbiamo depotenziato e delegittimato le forze di Polizia negli ultimi vent'anni; c'è la consapevolezza tra chi delinque di non avere nulla da perdere; vengono dati risarcimenti astronomici a criminali che compiono reati, persone che non dovrebbero averli: un collega per aver sparato a un'auto in fuga che stava investendo un altro collega deve risarcire 480mila euro, mi spiegate come farà in tutta la vita a risarcire 480mila euro? Hanno fatto credere che siamo razzisti, che la Polizia fa profilazione etnica, una roba scandalosa; dicono sia prassi indagare per atto dovuto un agente, dicono sia un atto di garanzia: ma garanzia da cosa? Spesso quella di passare dalla parte degli accusati porta sicuramente alla distruzione di una famiglia, alla distruzione economica; in una periferia milanese hanno fatto una guerriglia contro di noi, hanno cercato di ammazzarci eppure l'hanno chiamata una "manifestazione per la ricerca della verità"; in questi anni abbiamo avuto lassismo buonista, giustificazionismo ipocrita verso i violenti, garantismo schizofrenico; chi ci mena la fa sempre franca, viene identificato e nel giro di mezz'ora va subito a casa a mangiare; ci sono politici e sindacalisti che parlano di rivolta sociale, mentre tra le persone che scendono in piazza forse gli unici che lavorano siamo noi». Tutto vero. Ma i politici se ne fottono di questi appelli: le forze dell'ordine non portano tanti voti. I partiti promettono rivoluzioni, cambiamenti, ma non succede mai nulla, mentre gli agenti continuano a prendere mazzate. Ipocrisia pura.

Giusto sputare ai poliziotti

Non ho mai sognato di fare il poliziotto, ma ho sempre ammirato gli uomini in divisa: fanno un lavoro difficile, con orari assurdi e una paga infima. Vengono spesso vilipesi e maltrattati dai delinquenti, ma anche dallo Stato. Quando incrocio un posto di blocco, o quando vedo circolare una gazzella dei carabinieri, mi sento più sicuro, e penso di essere più garantito nella mia libertà di movimento; non ho timore dei tutori dell'ordine, tutt'altro. Vorrei che le città fossero più presidiate, mi piacerebbe vedere in giro molti più agenti di quanti ce ne siano oggi. Per questo mi viene il sangue al cervello quando vedo i rappresentanti delle forze dell'ordine che vengono presi di mira durante i cortei, impotenti e spernacchiati, umiliati a colpi di sputi e insulti, se non assaliti con oggetti di qualsiasi tipo. E dobbiamo spesso ascoltare i politici e i partiti di sinistra che non si schierano dalla parte degli uomini dello Stato, ma lisciano il pelo a delinquenti e maranza. Incredibile, una volta i progressisti erano al loro fianco, ne proteggevano le azioni, oggi invece si indignano quando vedono partire una manganellata e sono pronti a condannarli se vengono denunciati. Una roba vergognosa. Emblematico quanto accadde a Pisa all'inizio del 2024. Ricordate i cortei pro Palestina? Forse avete dimenticato, io no. Gli agenti cercavano di impedire ai manifestanti di raggiungere alcuni obiettivi sensibili, mentre studenti e compagni premevano per rompere lo sbarramento; dopo avere sopportato di tutto, perché queste sono le consegne, a un certo punto i poliziotti fecero quello che tutti i poliziotti del pianeta Terra fanno: caricarono. Alla fine, rimangono feriti un pugno di agenti e più di dieci manifestanti. Apriti cielo. Nonostante fosse un corteo non autorizzato, si riversò sulla Polizia un'ondata di fango senza fine. Il capo del Pd, Elly Schlein, parlò di «clima di repressione», quello dei 5 Stelle Giuseppe Conte di «immagini preoccupanti»; i poveri studenti inermi contro i poliziotti fascisti e fanatici: così venne raccontata quella vicenda. C'è chi tuonò contro il governo dal «manganello facile», altri, invece, temevano l'avvicinarsi di uno «stato di Polizia». Da internare. L'Italia sembrava essere sprofondata in un clima tipo il Cile del dittatore Pinochet, con i militari pronti a soffocare ogni forma di dissenso: quanta ridicola ipocrisia. In realtà, nei video si sentono i «bravi ragazzi» di Pisa ricoprire di insulti gli agenti schierati e fermi sulle loro posizioni per impedirgli di entrare in una piazza interdetta. Ai poliziotti sono riservati complimenti tipo «'a sbirro de merda», «a infame», «coglione», «figlio di puttana», mentre si sente chiaramente che sono i manifestanti a pretendere di passare lì dove era evidente uno sbarramento delle forze dell'ordine. Siamo arrivati al punto in cui le autorità di pubblica sicurezza devono giustificare di avere dato «qualche manganellata», a questo siamo ridotti. Un Paese nel quale spesso la Polizia, anche i reparti schierati, devono subire attacchi verbali e fisici da delinquenti travestiti da studenti, col supporto di giornali e politici. Abbiamo sentito un consigliere regionale toscano pentastellato, tale Silvia Noferi, sostenere che «le forze dell'ordine avranno pure preso degli sputi, ma io dico che forse se li sono anche meritati... Anche io sono dalla parte di quelle forze dell'ordine professionali, che fanno il proprio lavoro con coscienza, cercando di valutare le situazioni, non certo prendendo a manganellate ragazzini inermi e disarmati. C'è una bella differenza tra uno sputo e una manganellata». Roba da matti. Ecco, siamo arrivati alla libertà di sputare in faccia alla Polizia.

Manganelli buoni e manganelli cattivi

Chiariamolo subito. Qui non è in discussione la libertà di manifestare in Italia, che è ampiamente garantita. Non me lo invento io che faccio il conduttore radiofonico un po' pazzo, lo dicono le cifre nude e crude dei cortei in giro per il Paese, di cui molti cittadini si sono anche rotti i coglioni: ma è il prezzo da pagare alla nostra amata democrazia, ossia quello di vedere spesso le città paralizzate da manifestazioni. Chi blatera di svolta autoritaria, o di repressione del dissenso, o è in malafede, oppure è semplicemente un cretino. Nel corso del 2024, si sono svolte oltre dodicimila marce di protesta, il numero esatto è 12.302: è un numero impressionante, una media di oltre trenta manifestazioni di piazza al giorno. Avete capito bene: trenta ogni santissimo giorno, che fanno peraltro il dieci per cento in più rispetto all'anno precedente. E qualcuno ha ancora il coraggio di cianciare di Paese illiberale? Ma fatemi il piacere. Volete sapere un'altra cosa? Quelli che rischiano sul serio la loro incolumità in questi casi non sono i manifestanti, ma gli operatori delle forze dell'ordine: nel 2024 i feriti sono stati 273, con un aumento di quasi il centotrenta per cento in soli dodici mesi. Centotrenta per cento. Sono cifre del Viminale, e se non vogliamo considerare il Ministero degli Interni una cellula di disinformazione, questa è la realtà che i sinistri devono accettare: in Italia c'è una grande, enorme, libertà, soprattutto di colpire i responsabili dell'ordine pubblico. Spesso le manifestazioni non sono che un pretesto per mettere a ferro e fuoco un quartiere, una città, e le rivendicazioni rappresentano solo una copertura per attaccare gli agenti.

L'ipocrisia dei progressisti è insopportabile. In alcune città si vedono scene che in un Paese normale non esisterebbero: agenti circondati e presi di mira da terroristi provetti spesso legati a movimenti anarchici e centri sociali, i quali non si fanno problemi ad agitare mazze di ferro e bastoni a pochi metri da una camionetta blindata; a loro tutto è concesso, mentre quando una divisa prova a reagire, questa finisce dritta sotto indagine. Mi ha colpito un video mandato in onda durante la trasmissione *Quarta Repubblica* condotta da Nicola Porro, in cui si vede un signore semi incappucciato durante un corteo a Torino assestare un cazzotto a un uomo del Reparto Celere, così come fosse una cosa normale, nella certezza della totale impunità. E sempre a Torino, ricordo un'auto della Polizia davanti alla sede della Questura, e ribadisco davanti alla sede della Questura, presa a pugni e danneggiata dai cosiddetti antagonisti per liberare un uomo di origini marocchine che doveva essere espulso. Se ne potrebbero citare a decine di fatti del genere, che si ripetono con puntualità disarmante. Ma l'indignazione dei progressisti è a corrente alternata: quando si tratta di studenti o manifestanti di sinistra o di estrema sinistra colpiti, ecco un fiorire di dichiarazioni preoccupate sullo stato della democrazia in Italia, in altri casi si invoca invece la repressione più dura. Prendiamo, per esempio, quanto accaduto il 9 ottobre del 2021, cioè l'assalto di Forza Nuova e del movimento No Green Pass alla sede della Cgil a Roma. Un fatto gravissimo, naturalmente. Ci fu un corteo non autorizzato che creò confusione e scompiglio per le vie della città fino allo sfondamento dell'ingresso della sede del sindacato, con la sua temporanea occupazione. Bene, in quel caso, le forze dell'ordine furono accusate dalla sinistra di non essere intervenute con sufficiente velocità e durezza contro i sobillatori, e ci fu persino chi parlò di un complotto per facilitare l'assedio. Comunque, in quel caso i manganelli erano invocati a gran voce perché erano manganelli buoni contro i cattivi fascisti. Come accadde durante il periodo covid, quando gli sfollagente e gli idranti contro i No Green Pass, Free Vax o No Vax, chiamateli come volete, erano non solo utilizzati a piene mani, ma anche benedetti in nome della salvezza della nazione contro le possibili infezioni. E chi c'era in prima fila nel chiedere interventi duri e repressivi? Ma la sinistra, ovvio. Dunque, mano libera alle forze dell'ordine solo se chi viola la legge è di destra o non appartiene al circoletto rosso. Due pesi e due misure, una specialità della casa.

Un poliziotto uccide? Dagli al poliziotto

Verona, primo mattino, ottobre 2024. Siamo nel piazzale antistante la stazione ferroviaria della città. Terra di nessuno, da tempo.

Quel giorno di inizio autunno, un richiedente asilo del Mali semina il panico. Spacca e infrange vetrine, aggredisce persino una pattuglia di vigili urbani e, armato di coltello, si scaglia contro un agente della Polizia ferroviaria, che fa l'unica cosa che può fare, ciò per cui è pagato, vestito in divisa e armato di pistola: estrae l'arma di ordinanza e spara per fermare l'aggressore, per impedire, insomma, che il maliano ammazzi qualche passante. Lo uccide. A quel punto la vicenda acquista valore e importanza per i candidi ipocriti dell'accoglienza e per gli araldi del permissivismo a oltranza. L'agente diventa una sorta di *Judge Dredd*, il fumettistico personaggio al tempo stesso giudice, poliziotto e carnefice. E così la sicurezza, gestita con la pistola, unico metodo per impedire che l'immigrato munito di coltello possa fare del male a qualcuno, si trasforma in giustizia sommaria, quasi un'esecuzione, una forma primitiva e tribale di pena di morte somministrata per strada. Un poliziotto che usa la sua pistola: solo da noi può diventare uno scandalo.

Poco importa che, secondo testimoni, tra cui gente aggredita, quell'uomo fosse un'autentica furia, apparisse in stato di alterazione e che intimazioni e ordini si fossero rivelati del tutto inutili a fermarlo. La realtà è che non c'erano alternative all'uso dell'arma da fuoco contro un soggetto che brandiva una lama lanciandosi contro l'agente. Circostanze forse difficili da capire e immaginare, soprattutto perché quei frangenti così delicati e quegli attimi così drammatici, in cui la tua vita è appesa a un filo e a casa hai moglie e figli, non sono mai stati vissuti da commentatori televisivi, educande da editoriali sui giornali, opinionisti radical chic. Sono attimi eterni in cui devi prendere una decisione e andare fino in fondo, perché sei pienamente consapevole che l'alternativa al difenderti, esporrà non soltanto te, ma anche altre persone innocenti a potenziali conseguenze.

Non appena il maliano è morto, viene trasformato magicamente in vittima. Da pericolo pubblico, aggressore, delinquente, assalitore con arma bianca, seminatore di panico, egli diventa in un batter di ciglia un vero e proprio eroe: una vittima del razzismo, anzi, un caduto di razzismo, un martire dell'autoritarismo poliziesco. Ed è così che comincia la cantilena sciocca della profilazione razziale, l'idea sbilenca per cui i nostri agenti muterebbero atteggiamento verso i fermati, i sospetti o i delinquenti a seconda dell'appartenenza etnica delle persone con cui si confrontano. Una purissima idiozia. Le forze dell'ordine fermano chi devono fermare, nei luoghi che ritengono necessario pattugliare. Se decine di immigrati sbandati popolano vicoli, strade, piazze di aree degradate o limitrofe alle stazioni, in ambienti in cui la delinquenza è dilagante e le attività criminali fiorenti, gli agenti li fermano non in quanto africani o asiatici, non per il colore della pelle o le caratteristiche fisiche, ma semplicemente perché hanno comportamenti sospetti. Il controllo di Polizia non è una forma di abuso, ma una garanzia per la sicurezza collettiva: per quello che mi riguarda, quando mi ferma una pattuglia sono contento, vado via soddisfatto, perché penso che lo Stato stia funzionando a meraviglia. La drammatica fine del maliano di Verona torna utile, perché può essere agitata contro i tutori di pubblica sicurezza, contro i fascisti e il governo fascista.

I soliti noti dell'accoglienza, collettivi, centri sociali, antagonisti e immigrati vari promuovono una manifestazione in ricordo dell'ucciso, che nella migliore iconografia della sinistra mondiale diventa, improvvisamente, un santo e una vittima innocente: questo è il racconto che viene fatto. E questo stuolo di «giusti», mentre sfila per le vie cittadine, cosa fa? Ovviamente insulta le forze dell'ordine «assassine» e i partiti di destra, urla slogan aggressivi, inveisce. L'agente della Polfer? Finisce indagato, perché bisogna capire se poteva agire diversamente, se davvero fosse necessario sparare quei colpi e ammazzarlo. Incredibile: questa è l'Italia, un Paese ipocrita dove un uomo in divisa, invece di essere premiato perché ha fermato un signore armato di coltello, è costretto a difendersi con un avvocato per avere usato la sua arma contro un criminale. La sua arma, né più né meno. Pazzesco. D'altra parte, di cosa ci stupiamo quando un assessore dello stesso Comune di Verona, tal Buffolo, noto esperto di ordine pubblico, invece di congratularsi con il poliziotto, lo ha praticamente bollato come colpevole: «Ad un bisogno di aiuto e di cura si è risposto a colpi di pistola». Il mondo al contrario.

Le vere vittime? I poliziotti

Ci sono poliziotti che sbagliano? Sì, senza dubbio. Carabinieri che commettono crimini? Certo, come in tutte le categorie della società: mele marce proliferano ovunque. E agenti corrotti? Anche, sarebbe ridicolo sostenere il contrario: ci sono politici corrotti, giornalisti corrotti, preti corrotti, commercialisti corrotti, avvocati corrotti. Ci sono zone di omertà, reticenze, omissioni? Ma naturalmente, le cronache lo testimoniano. Ma questo accade in ogni organizzazione di tipo militare, e non solo. Spesso, di fronte all'emergere di scandali, la prima reazione è quella di chiudersi a riccio e negare tutto. Qualcuno tra chi sta leggendo questo testo può negare di avere mai incrociato un agente arrogante, pieno di sé, tronfio di esercitare sul cittadino anche solo per qualche minuto il suo potere? Credo nessuno, ma questo non fa delle forze dell'ordine un branco di delinquenti, una massa di violenti come certa stampa e una parte della politica spesso li dipinge. Tutt'altro: le nostre forze di Polizia, con l'eccezione di alcuni drammatici ma rari casi, sono spesso frenate nell'esercizio della forza e della «violenza» (che, ricordiamo, è sempre monopolio dello Stato), da regolamenti e direttive che impediscono loro di agire come dovrebbero. A danno delle persone oneste. Durante le manifestazioni di piazza, per esempio, le disposizioni che vengono dall'alto sono chiare, anzi, chiarissime: evitare di rispondere alle provocazioni, limitare le cariche fino a quando è possibile, usare i manganelli con grande parsimonia. Insomma: siamo armati, ma non possiamo fare quasi un cazzo. Nell'aprile del 2024, a Torino, tanto per fare un esempio, mentre i centri sociali cercavano di sfondare il cordone della Polizia schierato per difendere alcuni punti sensibili, si sente chiaramente un funzionario ordinare agli agenti di non utilizzare il manganello, ma di bloccare i rivoltosi solo con gli scudi. Risultato? Sette servitori dello Stato rimasti contusi. Domanda: che senso ha fornire il manganello ai poliziotti se poi si impedisce loro di usarlo? Misteri della fede. Il risultato, però, è evidente: i violenti ne approfittano e gli uomini in divisa pagano il prezzo dell'immobilismo, di una politica senza coraggio. Ora, qualcuno dirà: sono i rischi del mestiere. Vero, assolutamente vero. Ma quando un comandante dice ai suoi uomini di utilizzare «solo lo scudo, non il manganello», sapete cosa sta dicendo? Sta dicendo, in fondo, che questi uomini sono sacrificabili. Perché quei «bravi ragazzi», che in realtà sono delinquenti matricolati, non devono passare dal blocco, ma non possono essere sfiorati. Traduzione: fate scudo col corpo, ma non picchiateli, al limite fatevi picchiare.

Una volta ho detto alla radio che coloro che usano violenza nei confronti delle forze dell'ordine andrebbero puniti più severamente, bisognerebbe raddoppiare la pena: toccare un uomo in divisa dovrebbe essere considerato un sacrilegio. E ho anche detto che considero il manganello democratico, altro che violento. Scandalo, scandalo, istigazione alla violenza, attacco al diritto di manifestare: queste le accuse che mi hanno rivolto. Non solo riconfermo tutto, ma vi spiego perché. Il concetto è semplice. Lo sfollagente è lo strumento che riporta ordine dove la libertà viene minacciata, quando dei criminali danno l'assalto a un rettorato, quando nelle università gli estremisti vogliono prendere a bastonate un giornalista, oppure quando vetrine di negozi o di banche vengono distrutte dal passaggio di barbari incappucciati. Il manganello si trasforma in quel momento nel simbolo dello Stato che protegge i più deboli, altro che repressione e autoritarismo: protegge quelli che vogliono studiare indisturbati, parlare dentro le università o nelle scuole, circolare liberamente senza subire danni, e poi i commercianti che risiedono nelle zone dei disordini. Il manganello, insomma, non è fascista, anzi, è davvero proletario.

E l'avvocato, chi lo paga?

Chi vi racconta che i cittadini temono la violenza delle forze dell'ordine, vi sta mentendo spudoratamente, vi sta raccontando una baggianata. Le persone oneste, chi non ha nulla da temere, non hanno alcuna paura quando entrano in contatto con un carabiniere, un militare, un agente di Polizia o un finanziere. Sono invece gli agenti che, quando operano, devono ormai farsi il segno della croce, perché sanno che possono finire sotto indagine e subire un processo. Dietro ogni «atto dovuto», dietro ogni «avviso di garanzia», quelli che piacciono tanto agli ipocriti di sinistra, si nascondono traumi, spese legali e costi non banali: devi pagarti un avvocato, devi attrezzarti a mesi, se non addirittura anni, di limbo, di attesa, in alcuni casi con lo stipendio sospeso e la carriera bloccata. Un legale non lo paghi con le pacche sulle spalle o con la solidarietà pelosa della politica: servono i quattrini. E convivi con queste spese straordinarie contando su un piccolo, piccolissimo anticipo dello Stato e l'aiuto dei colleghi. Spesso un poliziotto è costretto a ricorrere a un prestito per pagarsi la difesa. Avete capito bene, un prestito, un finanziamento: come per acquistare una casa, solo che in questo caso ti servono per riacquistare la tua vita, il tuo onore. Sembra incredibile, ma è così. Potrei citare decine di casi. Un ispettore ha passato cinque anni d'inferno, messo sotto processo per undici capi d'imputazione, dal sequestro di droga, all'abuso d'ufficio, e pure per violenza sessuale: è stato assolto con formula piena. Era stato denunciato da alcuni spacciatori, a loro volta finiti in tribunale per calunnia. Volete sapere come si è conclusa la vicenda? I criminali l'hanno fatta franca per prescrizione, il funzionario, invece, ha pagato venticinquemila euro di legali, solo in parte rimborsati. «Intanto» racconta l'agente «la mia vita è stata un inferno. Piangevo di nascosto, non potevo portare mia moglie e mia figlia nemmeno a mangiare una pizza, perché rischiavo di essere licenziato e cercavo di non spendere...». Di storie così ce ne sono a bizzeffe. Come quella di una pattuglia della mobile che insegue un'auto con a bordo una banda dei Rolex; la macchina dei ladri va a schiantarsi contro una vettura in sosta e uno dei delinquenti muore. Risultato? Poliziotti processati per omicidio stradale, caso archiviato qualche tempo dopo: intanto, però, carriere rovinate, conti in banca che si prosciugano, vite in bilico. Qualche tempo fa, a Padova, due agenti furono accusati di avere picchiato e poi buttato nel fiume un giovane di ventitré anni che stava sfuggendo a un controllo; tutto falso, ma l'archiviazione sarebbe arrivata mesi dopo: nel frattempo, solo grazie all'aiuto di un sindacato i giovani poliziotti sono riusciti a resistere economicamente. Una follia. Conosco membri delle forze dell'ordine che hanno dovuto aspettare cinque, sei, sette anni, prima di chiudere alcune vicende giudiziarie, mentre le ambizioni professionali andavano a farsi fottere e restavano lì, appesi alle decisioni della magistratura. Ricordo il caso di alcuni agenti accusati di lesioni aggravate cui è stato negato l'anticipo delle spese. Il motivo? Era stata lesa l'immagine della Polizia, ma dopo quattro anni sono stati completamente assolti perché «il fatto non sussiste»: avevano fermato dei malviventi dopo una tentata rapina. Ogni anno sono tra cinque e seimila uomini in divisa a finire indagati e processati nell'esercizio delle loro funzioni: un esercito, tanti soldati spesso abbandonati dalle istituzioni, talvolta trascinati in giudizio pure dai delinquenti che chiedono i danni per cose inesistenti. Siamo all'assurdo: lo Stato che mette sotto accusa i suoi servitori, consentendo ai loro carnefici di fare il bello e il cattivo tempo.

Ora, è chiaro che in questa situazione, prima di ammanettare qualcuno, ci rifletti non una, ma mille volte; prima di usare la forza, prima di mettere le mani nella fondina della pistola, invece di pensare a fermare un criminale ti fai due conti e dici: ma perché devo compromettere il mio futuro, la mia vita, i miei cari?

Se non sei protetto fino in fondo dallo Stato, che è il tuo datore di lavoro, sei automaticamente più debole. Ma siamo tutti meno sicuri.

L'ipocrisia del caso Ramy

L'ipocrisia di chi a parole dice di sostenere le forze dell'ordine e la legalità, mentre non perde occasione di mettere al muro i tutori di pubblica sicurezza, ha raggiunto il suo apice durante la drammatica vicenda di Ramy Elgaml; Ramy era un diciannovenne di origine egiziana morto la notte tra il 23 e il 24 novembre del 2024 a Milano, nel quartiere Corvetto, al termine di un lungo inseguimento dei carabinieri per le strade del capoluogo meneghino: lo scooter guidato senza patente dall'amico ventiduenne Fares Bouzidi non si fermò all'alt di una pattuglia, percorse la città dal centro alla periferia a velocità folle, braccato per otto chilometri dalle gazzelle, finendo per schiantarsi contro un palo. Ramy morì praticamente sul colpo, il guidatore riuscì invece a sopravvivere grazie soprattutto all'intervento dei militari, gli stessi dell'inseguimento. Un dramma, ovviamente, per la famiglia del ragazzo deceduto: nessuno, tranne qualche coglione sul web, può essere felice della morte di un giovane solo perché non rispetta un posto di blocco, o perché ha qualche precedente, o perché aveva forse rubato un motorino. Però qui bisogna essere chiari: l'intera responsabilità di quello che è accaduto grava non sulle forze di Polizia, ma su chi guidava la moto e non ha rispettato lo stop della pattuglia dei carabinieri. Non ti fermi? Quello che succede dopo è colpa tua; gli agenti hanno il dovere di inseguirti, raggiungerti, fermarti, costi quel che costi: non sono a conoscenza di chi potrebbe esserci a bordo, se si tratta di pericolosi delinquenti, terroristi o altro. Come fanno a saperlo? Sono obbligati a bloccarti; i buonisti del cazzo hanno ripetuto sino allo sfinimento: sarebbe bastato prendere il numero di targa, perché i militari si sono messi a inseguire i due nel cuore di Milano? Cretinate totali: le targhe possono essere false, il veicolo magari è rubato. La pattuglia, quando il motorino non si è arrestato, ha compiuto non soltanto quello che prevedono i regolamenti, ma anche quello che i cittadini onesti si aspettano: la caccia ai fuggitivi. Nulla di anomalo, nulla di strano. Tutti noi, se un poliziotto o un carabiniere ci ferma e ci chiede i documenti, ubbidiamo senza problemi. Non si tratta di un abuso né di una vessazione, è la normalità; dunque, se ignori gli ordini e addirittura scappi via, è lecito sospettare che tu abbia qualcosa di grosso da nascondere. Insomma, le forze dell'ordine non possono stare con le mani in mano, come pretenderebbe qualche progressista, al solo scopo di evitare che magari l'inseguimento finisca male: sarebbe ridicolo, insensato, contro ogni logica. Il morto, purtroppo, è la tragica conseguenza della legittima caccia all'uomo. Ma di idiozie nella storia del povero Ramy ne abbiamo viste e sentite a iosa: gli amici del deceduto sono andati in televisione ad accusare i carabinieri di averlo ammazzato, a lungo è stata raccontata la fandonia di prove occultate dagli stessi agenti (il famoso video dello schianto fatto cancellare), illustri opinionisti si sono messi a discettare di disagio sociale, delle periferie senza speranze, tutte problematiche importanti, per carità, ma che non c'entravano una fava con l'episodio in questione. Così, mentre in tv e sui giornali si consumava un grottesco processo ai carabinieri cattivi, gli inseguiti (di cui uno morto) venivano dipinti come due povere vittime del sistema, del razzismo e della povertà: il mondo al contrario che eleva delinquenti e maranza sul piedistallo dei martiri perseguitati per il colore della pelle, e ficca gli uomini in divisa nella casella dei carnefici razzisti.

Ma quello che mi ha indignato di più in questa storia è il fatto che più volte i carabinieri siano stati chiamati apertamente «assassini», per esempio da rappresentanti di Potere al Popolo, partito dell'estrema sinistra; in un post pubblicato sui loro account ufficiali, si parla chiaramente di «omicidio Ramy» compiuto non da «un paio di mele marce» perché «ad essere marcio è tutto un sistema che ha prodotto le condizioni della sua morte»; quando esce uno spezzone di video dell'inseguimento con le voci concitate dei militari, sempre Potere al Popolo scrive la sentenza: «Ramy è stato ucciso dai carabinieri». In un dibattito tv cui ha partecipato il sottoscritto, uno dei dirigenti dello stesso movimento, tale Marta Collot, pronunciò le seguenti parole: «Io penso sia stato ammazzato». «Da chi» chiesi? E lei: «Come da chi? Io penso che sia stato chiaramente ammazzato dai poliziotti, non dal suo amico, di cosa stiamo parlando… se non mettiamo in chiaro questa cosa non si può fare alcuna discussione». Ma questi sono estremisti, cosa vuoi aspettarti. Sono anche coerenti con la loro storia, con i loro deliri. L'ipocrisia più sfacciata venne invece da esponenti in teoria moderati o istituzionali, e dai soliti opinionisti tv sempre pronti a invocare il rispetto delle regole, ma poi, quando si tratta di immigrati e della Polizia... Silvia Roggiani, deputato del Pd e segretario del partito in Lombardia, pronunciò forse le parole più assurde, a seguito dei video usciti con le voci degli uomini nelle gazzelle dei carabinieri. «Qualcuno» disse «ha condannato i poliziotti (che poi erano carabinieri) che esultavano mentre uccidevano un immigrato?» Avete capito bene: «uccidevano» ed «esultavano». E ancora: «Sono mele marce... la Polizia può benissimo cercare la targa e andare poi a prendere le persone a casa o dove ritiene». Sì, certo, come no. Ma tra gli esperti di ordine pubblico e di volanti si distinse in quell'occasione soprattutto il sindaco di Milano Beppe Sala: «Ci sono alcuni che sbagliano e poi c'è il grosso dei carabinieri che fa cose giuste. Qui hanno sbagliato, hanno fatto un inseguimento notturno di venti minuti». Detto così, senza prove, nel bel mezzo di un'indagine. Una gaffe clamorosa, tant'è che poi dovette rimangiarsi tutto quando le perizie scagionarono i militari. Per non parlare dell'uscita dell'allora suo consulente alla sicurezza Franco Gabrielli, il quale, in una mitologica intervista a *24 Mattino* su Radio 24, se ne uscì così: «È ovvio che quella non è sicuramente la modalità corretta con cui si conduce un inseguimento, anche perché c'è pur sempre una targa, un veicolo. Esiste un principio fondamentale ed è quello della proporzionalità delle azioni che devono essere messe in campo per conseguire un determinato risultato: io posso addirittura utilizzare un'arma se è in pericolo una vita, ma se il tema è fermare una persona perché sta scappando, non posso metterla in una condizione di pericolo. Questo è un elementare principio di civiltà giuridica». Ecco, il prefetto Gabrielli è stato anche capo della Polizia. E si è messo, a inchieste aperte, anzi apertissime, a mettere in discussione il comportamento dei carabinieri, poi completamente scagionati. Come direbbe qualcuno: che figura di merda…

Diritto allo speronamento

La morte di Ramy è stata provocata purtroppo da chi ha iniziato la fuga. Un concetto elementare, che ho cercato di far passare più volte sia alla radio che in televisione. Ma vi dico di più: mi interessano poco le risultanze delle perizie, le analisi degli spostamenti, il Var dell'incidente fatale: dovrebbe esistere, come in molti Paesi occidentali, un vero e proprio diritto allo speronamento. Quando insegui, tu che sei un rappresentante delle forze dell'ordine, per fermare un malvivente o un presunto tale devi poterlo urtare, colpire, allo scopo di bloccarlo: non è violenza, ma la regola. Da noi invece è tutto stravolto, e un semplice inseguimento con tamponata viene fatto passare come un abuso di potere, una sopraffazione: non è il fuggitivo a sbagliare, ma il carabiniere che ha osato disturbarlo e persino rincorrerlo.

In questo clima non ci possiamo stupire se le aggressioni ai danni delle divise lievitano di anno in anno: i delinquenti si sentono impuniti, mentre coloro che dovrebbero catturarli vengono spesso criminalizzati da frange della politica. Nei primi mesi del 2025, il gruppo in parlamento di Alleanza Verdi e Sinistra (Avs), insomma gli uomini di Bonelli e Fratoianni, ha fatto una proposta direi geniale. Anzi, incredibile non averci pensato prima. Della serie: come trasmettere fiducia e coraggio agli uomini dello Stato che ogni giorno vigilano sulla nostra sicurezza? Cos'hanno elaborato questi professori del diritto? Sentite bene: se i poliziotti osano perquisire una casa, un magazzino, o qualsiasi altro luogo, ebbene, rullo di tamburi, gli ufficiali che hanno ordinato la perquisizione vanno indagati se durante la medesima non trovano nulla; se non viene trovata alcuna arma, alcun materiale pericoloso, ecco, deve scattare l'indagine nei loro confronti: insomma, come vi permettete di disturbare, come osate rompere le balle ai cittadini onesti? Quando ho letto questa follia non ci volevo credere. Ma davvero qualcuno a sinistra ha partorito un tale aborto giuridico, una tale cazzata sesquipedale? Ebbene sì, e abbiamo anche i nomi: i senatori Tino Magni, Giuseppe De Cristofaro, Ilaria Cucchi e Aurora Floridia. È proprio vero, la fantasia ha spiccato il volo, e adesso davvero si può dire che i compagni vivono su Marte.

Gli ipocriti del mondo dello spettacolo

Liberté, egalité... et jet privé

Quanto mi stanno sulle balle le star, o presunte tali, che non si limitano a cantare, recitare, ballare, ma devono costantemente esibire il loro impegno sociale e sentono il bisogno impellente di spiegarci cosa dobbiamo pensare, votare e, soprattutto, temere. Sono gli artisti progressisti, democratici. Quelli che timbrano pure loro il cartellino dell'antifascismo, ridotto a una professione piagnucolante e remunerativa, carta d'identità di un mondo che ama, detto prosaicamente, farsi i pompini a vicenda.

Ovviamente, Sanremo è il palcoscenico più adeguato per simili esternazioni e professioni di fede. Pensiamo a Elodie, che ogni volta ci tiene a dire la sua su Giorgia Meloni, come fosse investita di una missione per conto della democrazia in pericolo: «Non voterei Meloni neanche se mi tagliassero una mano». Parole sue. Ora, a me non fa né caldo né freddo cosa vota Elodie, ma immaginatevi cosa potrebbe accadere a parti invertite: se un artista dicesse lo stesso di un leader di sinistra. Se, per esempio, Pupo dichiarasse che non voterebbe mai Elly Schlein, neanche se gli amputassero un testicolo? Apriti cielo. Il povero Pupo verrebbe trascinato sul patibolo del web e crocifisso per settimane. Ma contro la Meloni, o un qualsivoglia leader della destra brutta e cattiva, tutto è permesso. Mi ricordo Francesca Michielin (altra cantante...), che subito dopo le elezioni vinte da Fratelli d'Italia, tuonò: «Oggi, comincia la Resistenza!», mentre nel post successivo era già a una sfilata della Fashion Week. Che bella la Resistenza vissuta così: dalle montagne ai tappeti rossi e ai palinsesti tv.

Il piccolo schermo, i giornali, i libri, i concerti, i teatri sono pieni di gente che continuamente si lamenta di non avere più spazi di libertà, che parla di torsione autoritaria, espressione che mi fa andare ai matti, di non potersi più esprimere, di essere minacciata nei suoi diritti, senza mai specificare quali diritti mancherebbero. Eppure, se davvero a queste persone fosse impedito di protestare contro il governo, perché tutto questo avviene senza alcun ostacolo? Non sono forse, giustamente, liberi di proclamarsi buoni, inclusivi, antifascisti e contro ogni discriminazione da palcoscenici importanti, senza per fortuna alcuna conseguenza se non quella di triturarci le palle? Durante il Festival di Sanremo del 2025, ci siamo dovuti sorbire l'ennesima litania sulle quote rosa. Le quote rosa? Al Festival di Sanremo? Eppure è successo. La solita Elodie ha parlato di discriminazione perché non vedere Giorgia nella top cinque «è stato irrispettoso per il suo talento, per la sua carriera». Capito? Irrispettoso. Come se ci fosse un complotto, una riunione segreta di maschietti che hanno deciso: «Ehi, ragazzi, votate solo cantanti con l'uccello, mi raccomando!». E ancora: «La cinquina era di soli uomini. Sembra che noi donne dobbiamo saper fare le capriole per arrivare dove gli uomini arrivano con semplicità».

Ma che minchia c'entra? Sanremo è una gara di canzoni, non un censimento dei genitali. Se in un'edizione vincono solo maschi e in un'altra solo femmine, cosa cambia? È un problema? Dove sta scritto che ci deve essere per forza una parità di genere nelle classifiche musicali?

Ed ecco arrivare anche Giorgia, la cantante, non la premier: «Non è la prima volta che facciamo notare che il podio del Festival di Sanremo sia tutto al maschile. È scandaloso. Ma dev'essere qualcosa di atavico, di inconscio, che non porta a votare per le donne». Avete letto bene: qualcosa «di atavico, di inconscio». Ma forse, semplicemente, sono piaciute di più le canzoni degli altri. Punto. Senza complotti, senza patriarcato, senza rotture di balle, senza minchiate sparate a cazzo. Ma per essere accettato, coccolato, e non diventare un bersaglio dei benpensanti, meglio allinearsi al pensiero dominante, alla narrazione ufficiale. Se vuoi stare sereno a certi livelli, è sufficiente tirare fuori il patentino di antifascista. Basta chiedere a Carlo Conti e Gerry Scotti, due conduttori bravissimi e tra i più amati della televisione che, sempre a Sanremo, si sono ritrovati a dover rispondere a questa domanda: «Vi dichiarate antifascisti?», come se fossimo ancora nel 1946 e il duce fosse scappato il giorno prima. Una roba da manicomio.

Anche Vasco Rossi può dire una cazzata

Vasco Rossi. Per molti, semplicemente un mito. Una leggenda. Eppure anche lui si è arreso al più banale, squallido, prevedibile dei conformismi: dare del fascista a chi non la pensa come te. Un grande classico, direi: una cosa poco rivoluzionaria, non da «komandante». Caro Vasco, posso permettermi? Sei certamente un grande della musica, ci sono milioni di persone ovunque nel mondo che ti adorano, ma non del pensiero. Lo hai dimostrato alla grande con quello che hai scritto sui social: «Caro papà, non ti sei piegato ai nazifascisti. Ora sono tornati». Ma sei serio? Stai veramente dicendo che questi scappati di casa del centrodestra sono come quelli che deportavano la gente nei campi di concentramento? Che ammazzavano gli oppositori? Che controllavano stampa, radio, e cancellavano la libertà di pensiero? Facciamo un ragionamento: Vasco, tu sei libero di dire che la Meloni è come il duce. Tu sei libero di scriverlo sui social, dove ti seguono milioni di persone. Sei libero di dirlo in tv, dove ti pare. E nessuno ti arresta, nessuno ti censura, nessuno ti manda al confino. Ti rendi conto che così hai già dimostrato che il fascismo non esiste più? Perché, se ci fosse, saresti già sparito dalla circolazione. Ma non è questo il punto, intendiamoci. Non sto qui a difendere la Meloni, che non ha bisogno di un avvocato come me, provvede da sola. Sto solo difendendo il buon senso, la logica, l'onestà intellettuale. Dire che «sono tornati», dunque dipingere sostanzialmente come fascisti questi che sono stati eletti in modo democratico, che sono espressione del voto popolare, e che di tutta evidenza (perché, ovviamente, le urne in democrazia non bastano) non mettono al gabbio nessuno, significa tre cose: o non hai la più pallida idea di cosa fosse davvero il fascismo, o stai consapevolmente usando quelle parole in modo strumentale, oppure, in ultima istanza, non vuoi mancare all'ultima chiamata del treno antifa. In ogni caso, amico mio (e scusa se uso questo tono colloquiale anche se non ci conosciamo personalmente), hai fatto una figuraccia. Capita anche a me, non dolertene. Però sai cosa mi fa incazzare? Che tu, simbolo di libertà, rottura degli schemi, portabandiera dell'anticonformismo, adesso ti presti a questo giochino da quattro soldi dell'antifascismo posticcio.

La vera ribellione, oggi, non è ripetere la solita, stantia litania del pericolo nero. La vera ribellione è andare contro il pensiero unico, riconoscere che questa destra è arrivata al governo perché la gente l'ha scelta, e tra questi ce ne sono tanti, li conosco di persona, che ti venerano come un dio. E ammettere anche che l'hanno votata, la destra, chiamiamola così, non perché vogliano il ritorno di Sua Eccellenza, ma perché forse quelli che c'erano prima non hanno fatto così bene, non credi? È la democrazia, Vasco. E tu dovresti sapere bene cosa significa, dunque un piccolo consiglio non richiesto da un pirla qualsiasi come me: ammorbaci ancora di canzoni, ma lascia perdere i sermoni.

Il circo dell'ossessione fascista

E non è solo Vasco, purtroppo. L'ipocrisia del «fascismo alle porte», la baggianata del pericolo autoritario, la truffa dell'antifascismo con la pancia piena e in assenza di fascismo è diventata un'epidemia, soprattutto da quando Salvini e Meloni guidano l'Italia. Una specie di isteria collettiva, un'ossessione feticistica, una patologia incurabile, anche perché estremamente redditizia.

In ogni caso, ecco un piccolo compendio non completo delle follie viste e sentite dal sottoscritto. Ripartiamo da Elodie: «Attaccando i gay, o l'aborto, si attacca la libertà. La cosa per cui soffro di più è che sia una donna a farlo. Come può la Meloni non accorgersi di lavorare per gli interessi degli uomini? È un atteggiamento imperdonabile. Non si può toccare la libertà di scelta. Il nostro è un Paese democratico, dovremmo ricordarcelo sempre». Ovviamente, con buona pace della nostra amica cantante, l'aborto nessuno vuole metterlo in discussione, gli omosessuali non scappano perseguitati dall'Italia neofascista, e il premier che lavora nell'interesse degli uomini... vabbè, dai, non riesco nemmeno a commentarla questa puttanata; poi c'è Francesco Guccini, altra generazione ma stessa solfa: «Mi invitarono ad Atreju, ho gentilmente declinato, perché i fascisti non mi piacciono. Ma sento tanti ripetere della Meloni quello che si diceva di Mussolini: "Il duce è un genio, sono quelli che lo circondano a rovinare tutto". Il duce invece un genio non era; e temo non lo sia neppure la Meloni». Guccini, eh. Che in confronto un rapper di periferia sembra Einstein; sempre lui: «Il governo Meloni è un "regime"? Certo che lo è! Un regime. Non a caso vogliono far sottostare tutti i poteri (a partire dalla magistratura) a quello esecutivo (cioè il governo). Proveranno anche a limare la Costituzione: non dico modificarla, non ne sarebbero capaci, ma limarla sì. Meloni neanche concede più interviste, a meno che non sia da Vespa, dove fa delle figuracce immonde come quella della calcolatrice. Sono illiberali e non accettano critiche». Della serie, altro consiglio: hai già detto una fesseria, perché proseguire? Ricordo una certa Skin (leader di colore di una a me sconosciuta rock band britannica), alla vigilia delle elezioni del 2022: «Mi rattrista vedere la mia amata Italia sprofondare verso il fascismo per la prima volta dalla Seconda guerra mondiale. Questa è Giorgia Meloni, che potrebbe diventare il prossimo presidente del Consiglio italiano, il suo partito discende da Benito Mussolini e demonizza profughi e clandestini»; ci tengo a segnalare alla cazzuta Skin che qui è tutto a posto, abbiamo i soliti problemini, sprofondiamo spesso nel ridicolo, ma non nel fascismo. Potrei continuare all'infinito, e così faccio se non vi annoio. Piero Pelù: «Il governo italiano è di ultra destra ma si sforza inutilmente di negare qualsiasi similitudine col fascismo di Mussolini (quello dell'olio di ricino, degli oppositori confinati e ammazzati, quello del colonialismo assassino, delle leggi razziali, della guerra insieme a Hitler che fece quaranta milioni di morti... ricordiamolo), però poi mena e arresta chi manifesta disarmato per la pace, per i diritti alla casa, per il lavoro sicuro e garantito, per lo studio, per la sanità pubblica, e attacca la libertà di stampa e l'indipendenza della magistratura... Questo governo è fascista perché reprime con la forza chiunque non gli sia allineato e se non reprime minaccia ed esclude chi gli si oppone, ma non fa nulla contro le mafie». Perbacco, Pelù: ma se siamo di fronte a tutta questa roba inquietante, perché non vai in montagna con un fucile e ti limiti ai social? Muoviti, dai, coraggio, che rischia di essere troppo tardi; poi ecco Rose Villain, una che continua a fare la spola tra America e Italia, sempre pensosa e preoccupata delle sorti del Belpaese in mano ai neri; e dopo l'ennesimo, faticosissimo, viaggio in business da Los Angeles, tra un party sanremese e un'esibizione, arriva la sentenza: «Qui non è che con Meloni vada benissimo. Sento molto scontento fra i miei coetanei e sono una donna che tiene tantissimo ai diritti umani. Con questo governo non mi sento tutelata». Lei, Rose Villain, non si sentirebbe tutelata, dunque sarebbe in pericolo. Da cosa, di grazia? Ma dalla Meloni, ovviamente, perché «potevano esserci tanti uomini che avrebbero lottato per le donne e i diritti molto più di lei. No, non è il mio modello». I diritti, come no: ma quali? Boh, non si capisce, ma fa figo dirlo. Come lei, pure Marco Mengoni: «Vivo in un Paese che non mi rappresenta, che ha fatto diventare la pratica della maternità surrogata un reato universale. Ci rendiamo conto? Ci sono figli nati prima di questa assurdità che cresceranno e scopriranno che i loro genitori sono punibili penalmente. Per fortuna ho vicino persone con la mia stessa visione. E sono convinto che quelli che non ce l'hanno siano pochi, ma abbiano più potere». Te lo spiego facile, caro amico: io sono a favore dell'utero in affitto, ma non esiste alcun motivo per cui la compravendita di figli, perché di questo si tratta, debba diventare un diritto. O meglio, non è illiberale un Paese che non ti permette di farlo.

Vado avanti. Me ne vengono in mente altri, cercate di sopravvivere. Ricordate Damiano David, un tempo leader dei Måneskin? È rimasto folgorato pure lui dal conformismo antifa, tanto che il giorno dopo il trionfo della Meloni, sentenziò in inglese, come comunicano le vere star internazionali: «Today is a sad day for my country». Ma triste per chi? Ma chi sei, il portavoce degli italiani? Come al solito è parecchio barricadero l'ottimo Elio Germano, uno che ha sempre la postura da partigiano pronto alla battaglia contro i novelli fascisti, solo che il regime non c'è più, gli italiani possono votare liberamente e tocca attaccarsi al fumo della pippa, come dicono dalle sue parti: «Penso che l'unico partito della vecchia Repubblica che non si è mai dissociato dal suo lato più eversivo, il partito di riferimento del movimento stragista nero, la parte più anti-istituzionale di quell'epoca, sia oggi al vertice delle Istituzioni. È la rappresentazione perfetta della nostra deriva culturale. La Meloni è un sintomo. Come lo sono stati Berlusconi, Renzi, Grillo: gente a cui abbiamo chiesto di pensare al nostro posto». Lo stragismo nero, la deriva culturale, Renzi e Grillo: ma di che cosa parla? Sulla stessa lunghezza d'onda di Germano, c'è Michele Riondino, anch'egli attore e tra i direttori artistici dell'Uno Maggio di Taranto. «La cosa veramente divertente è che c'è stato un tempo in cui i fascisti erano più autentici, più spavaldi, erano leoni, anche se solo per un giorno» scrisse alla vigilia di un 25 aprile di un anno fa postando una vecchia foto di Ignazio La Russa a testa in giù (per poi, in parte, pentirsene). «Rivendicavano la loro identità» spiegò indignato «senza paura di essere accusati di essere traditori e assassini della patria. Oggi invece hanno paura di definirsi, di rivendicare la loro fede... Non ci sono più i fascisti di una volta. Solo pecore. Ecco cosa sono i fascisti di ieri che sono diventati i governanti di oggi.» Quanti resistenti, quanti combattenti della libertà, quante puttanate.

Gli ipocriti dell'occupazione Rai

L'ho sempre detto, non è un mistero. Qualsiasi roba che si avvicini all'idea dell'occupazione politica in Rai mi fa orrore. Anzi, lo voglio gridare: la lottizzazione mi fa schifo. Vorrei una tv di Stato in gran parte privatizzata, lontana da ingerenze o incursioni di questo o quel partito. Qualunque esso sia. Detto questo, mi è sempre venuto da ridere nel sentire parlare di TeleMeloni, espressione in voga tra i progressisti da quando ha vinto la leader di Fratelli d'Italia. E non perché questo governo non metta il becco nelle decisioni e nelle nomine che riguardano il servizio pubblico. Lo fa, eccome se lo fa. Ma perché si sta comportando esattamente come gli altri in passato. Né più, né meno. Ecco la grande ipocrisia quando si parla di Rai, del bavaglio, di autoritarismo e altre fregnacce simili: se la sinistra occupa la tv di Stato è democrazia, se lo fa la destra è fascismo. E dunque, gli stessi che tacevano o applaudivano quando i governi progressisti nominavano i loro fedelissimi, oggi si indignano quando i nuovi potenti fanno la stessa identica cosa. Se uno fosse onesto, bisognerebbe dire che prima di TeleMeloni abbiamo avuto TeleDraghi, TeleConte, TeleGentiloni e tutte quelle Tele che gli smemorati sinistri oggi hanno dimenticato. Ecco perché la cosa che più mi fa incazzare è l'ipocrisia. L'amnesia selettiva di chi oggi grida allo scandalo, ma fino a ieri partecipava al banchetto. Dov'erano i campioni dell'indignazione quando i governi di centrosinistra, legittimamente per carità, nominavano i loro fedelissimi ai vertici Rai? Dove eravate quando i tg pubblici venivano usati come megafono per le politiche di Monti, Letta, Renzi, Gentiloni, Conte, Draghi? Non ho sentito battere ciglio. Sono serissimo: se il centrodestra di Giorgia Meloni fosse di larghe vedute, dovrebbe regalare la Rai alla sinistra. Completamente: Rai 1, Rai 2, Rai 3 e rispettivi telegiornali, tutti consegnati ai rossi e ai loro alleati. Sarebbe una mossa lungimirante, oltre che estremamente strategica: al *Tg1* metterei il mio amico David Parenzo, al *Tg2* Concita De Gregorio, al *Tg3* nientemeno che Lilli Gruber. E poi dovrebbe dare incarichi importanti, direi apicali, a

Massimo Giannini, a Corrado Formigli andrebbe consegnata tutta l'informazione pubblica, mentre per Roberto Saviano e Antonio Scurati andrebbe confezionata una striscia quotidiana tutta loro senza alcuna interferenza, altro che Bruno Vespa. L'obiettivo dovrebbe essere quello di avere un centrodestra «bombardato» in continuazione, da mattina a sera, senza sosta. Perché sostengo questo? Semplice, perché sarebbe la garanzia di altri vent'anni di melonismo: una sorta di assicurazione sulla vita. Può sembrare una provocazione, ma sono i precedenti a darmi ragione: la Meloni nel 2022 è andata al potere avendo tutta l'informazione della Rai contro di lei. O, perlomeno, non aveva alcuna voce in capitolo. Eppure ha trionfato lo stesso. Anni prima era accaduto a Silvio Berlusconi. Alle elezioni politiche del 2001 sconfisse Francesco Rutelli avendo contro Michele Santoro, Daniele Luttazzi e persino Enzo Biagi, che a tre giorni dal voto ospitò su Rai 1 Roberto Benigni. «Non voglio parlare di politica, sono qui per parlare di Berlusconi» esordì l'attore toscano. «Voglio essere equidistante: Berlusconi non mi piace, Rutelli sì.» Quella puntata venne vista da oltre sette milioni di spettatori. Non bastò per battere un Berlusconi che beneficiò del suo ruolo di vittima. Bersagliato, sfottuto, demonizzato. Fu spesso la sua fortuna. Tutto questo serve anche a rispolverare ciò che la sinistra tende a dimenticare quando le parti si capovolgono. A sentire i progressisti, l'esistenza del regime in tv c'è solo quando comandano gli altri. Allora sì che si chiamano a raccolta le piazze, si grida alla democrazia violata, si inneggia alla liberazione della Rai. Sì, certo, la liberazione dai nemici per metterci gli amici: ipocrisia pura. Lo dico a destra e a sinistra: risparmiateci almeno queste manfrine che offendono la gente che si sbatte ogni giorno. Occupate quello che dovete occupare, spartitevi quello che vi siete sempre spartiti, mettete i vostri uomini ovunque, anche sugli strapuntini di viale Mazzini, ma non ci rompete le balle con la vostra retorica da quattro soldi e le vostre promesse di una Rai finalmente libera dal potere partitico. Per fare un esempio, nel febbraio del 2024 il segretario del Partito democratico, Elly Schlein, promosse un sit-in davanti allo storico cavallo di viale Mazzini: «Basta con TeleMeloni» fu il grido di battaglia, «basta con un servizio pubblico svilito a fare propaganda del governo». Ma davvero? Davvero il capo del Pd non conosce la storia di questo Paese? Un esponente di sinistra che parla di occupazione della tv di Stato, luogo nel quale storicamente il suo partito ha piazzato chiunque, fa semplicemente scompisciare dalle risate; la Schlein, e non è la sola, per carità, fa parte degli indignati a intermittenza, quelli che si risvegliano soltanto quando non sono loro a comandare e si ricordano soltanto quello che gli conviene ricordare. Tutti, compresi i 5 Stelle, hanno promesso di mollare la Rai. Nel 2018, il Movimento dichiarava:

«Se vogliamo assegnare al servizio pubblico quelle funzioni che ne definiscono la natura di bene collettivo resta soltanto una carta da giocare: l'indipendenza dall'organo politico». Parole, parole, parole. Per ritrovarsi sistematicamente al punto di partenza: cioè a occupare poltrone senza che nulla cambi. «Fuori i partiti dalla Rai» è l'eterno slogan utilizzato da tutti, rigorosamente quando si è all'opposizione, per poi essere puntualmente smentito quando si prendono le redini del potere. Basta d'altronde prendere in considerazione le direzioni negli ultimi trent'anni dell'ammiraglia dell'informazione Rai, il *Tg1*, per rendersi conto che i mandati hanno avuto una durata praticamente identica a quella dei governi in sella. *Pagella Politica*, realtà editoriale che si occupa di fact-checking e analisi dell'attualità politica, di recente ha documentato la forte influenza che il Partito democratico ha avuto sulla tv di Stato a livello dirigenziale dal 2005 a oggi. Ebbene, il responso è stato chiaro e indiscutibile: «Il Pd è stato il partito che ha espresso più consiglieri di amministrazione tra quelli nominati dal Parlamento, davanti a Forza Italia». Con che faccia i dirigenti di quel partito parlano di TeleMeloni? Per non parlare del periodo del covid. Chi mi conosce, lo sa: in radio e in tv mi sono ribellato in tutti i modi all'informazione a senso unico che veniva portata avanti durante la pandemia. Solo una tesi veniva accolta e accettata, a discapito di ogni perplessità o dubbio che potesse emergere sui vaccini e l'adozione del Green Pass. A dipingere alla perfezione il clima che si è respirato per quasi due anni ci ha pensato il grande Enrico Ruggeri, che ha pagato in prima persona per le sue opinioni controcorrente. «Se non avessi preso certe posizioni avrei un'altra situazione economica» ha detto. «Ho un record di messaggi privati di colleghi che mi davano ragione» ha spiegato «ma nessuno lo ha fatto in pubblico. Nel 2019-2020 avevo fatto sette serate su Rai 1 con una produzione che costava meno di tante altre che hanno avuto ascolti più bassi. Mi aspettavo di essere richiamato. Invece no. Dopo la seconda volta che ho parlato di covid, non sono più andato in televisione.» Tutto questo per dire: smettiamola di gridare alla dittatura e al fascismo. Un'invenzione cavalcata da smemorati, o assoluti opportunisti. Non cascateci. E ribadisco: la Meloni riempia la Rai di suoi nemici, di gente che contesta ogni sua mossa, qualunque suo provvedimento. Ingaggi tutti i suoi nemici, aggiungendoci pure Massimo Gramellini e Gad Lerner per non farsi mancare niente. Lasci a loro campo libero per garantirsi la gloria.

P.S. Concludo con un giochino. «Non spetta alla politica decidere i palinsesti, non spetta ai partiti decidere chi può lavorare nella più importante azienda culturale di questo Paese… La Rai mi può licenziare, il Pd, con tutto il rispetto, proprio no.» Lo disse Massimo Giannini nel 2016, dopo che il

Partito democratico, che era al governo, insorse per una puntata di *Ballarò* dedicata alla vicenda di Banca Etruria. Per la cronaca, *Ballarò* e Giannini vennero cancellati a fine stagione. Mica per colpa della cattiva Meloni...

La destra? Rozzi, sporchi e cattivi

Sapete qual è il vero problema? Una cosa che mi fa andare il sangue al cervello. Che la sinistra ha sempre pensato che la Rai fosse cosa sua. Una proprietà privata. Un diritto acquisito. Per decenni hanno occupato ogni spazio possibile, hanno piazzato i loro uomini, hanno fatto le loro trasmissioni, hanno veicolato i loro messaggi. Hanno nominato chiunque, pure gli uscieri e quelli che puliscono il cavallo di viale Mazzini. E nessuno ha mai parlato di occupazione, di regime, di censura. Era normale, era giusto, era democratico. Ma quando arriva un governo di destra e fa esattamente quello che hanno sempre fatto loro – cioè nominare persone di fiducia nei posti chiave – allora è fascismo. Allora è un attacco alla libertà. Allora è un pericolo per la democrazia. Allora è amichettismo, come se gli amici e i collaboratori dei politici di sinistra non avessero mai avuto a che fare con la Rai: ma non fate gli ipocriti, siete ovunque e per anni avete riempito di vostri uomini anche i cassetti delle scrivanie! È questa l'ipocrisia che mi fa vomitare. Questa doppia morale per cui, se la sinistra occupa, va tutto bene, se lo fa la destra, è clientelismo, cafonaggine e allarme democratico.

Sono abituati a considerarsi moralmente superiori, a stabilire cosa è giusto e cosa è sbagliato, a decidere cosa si può dire e cosa non si può neppure nominare. Se non sei dei loro, ti guardano dall'alto in basso come fossi irrecuperabile alla civiltà. Prendiamo Corrado Augias, che adesso è felicemente sposato con La7, dopo essere stato tanti anni in Rai. Ebbene, Augias, uomo certamente di grande spessore culturale e comunicativo, è uno dei simboli di questo modo di pensare. Una volta si trovò a pronunciare una frase rivelatrice: «Essere di destra è facile, perché essere di destra vuol dire andare incontro a quelle che sono le spinte istintive che tutti, o quasi, hanno» e che «vengono invece moderate e indirizzate magari meglio dal ragionamento e dalla conoscenza degli argomenti, da un senso nobile di altruismo, tipico della sinistra; essere di sinistra è più difficile, perché gioca su un terreno in cui la conoscenza degli argomenti è fondamentale. Quello di destra dice "a me gli immigrati mi fanno schifo", e il suo discorso finisce lì». Poi, non pago, proseguì: «Il pensiero di destra è più vicino alle spinte istintive delle masse di quanto non lo sia il pensiero di sinistra, che invece è più elaborato, tanto è vero che sul pensiero di sinistra esistono intere biblioteche, mentre il pensiero di destra è più semplice». In sostanza: la sinistra è intelligenza, la destra istinto brutale. Che non se la prenda a male l'ottimo Augias, di cui ammiro la perseveranza e la volontà di combattere a novant'anni e passa, ma di certo rappresenta alla perfezione la presunzione di superiorità etica e morale della cultura sinistra. Subito dopo l'insediamento del secondo governo Trump, impaurito (per modo di dire) dai primi provvedimenti presidenziali, il nostro affermò che insomma, sì, le elezioni sono fondamentali, ma non sono tutto, perché quando vai nella cabina elettorale la tua scelta deve essere accompagnata da conoscenza, informazione, mica dalla rabbia selvaggia: «Se sbagli non ti voto più? Bello da dire, più difficile a farsi. Perché gli strumenti fulminei di indirizzo dell'opinione pubblica sono tali che il diritto di voto ormai da solo non vale tutta la democrazia. Deve essere accompagnato da una sufficiente possibilità di corretta informazione su come vanno le cose». Ma chi decide quali sono le informazioni corrette? Chi decide cosa è fake news oppure no? E soprattutto: Augias avrebbe detto le stesse cose se in America e in Italia avessero vinto rappresentanti della sinistra? Non prendiamoci in giro: certamente no. Una volta, in prima serata, commentando il presunto saluto romano di Elon Musk, spiegò come interpretare un saluto in base all'inclinazione del braccio. L'antifascismo goniometrico: se l'angolo è di tot gradi, è fascista; se è di qualche grado in più, diventa nazista;

se scende un po', forse è solo romano. Sarà anche vero, per carità, ma ci possiamo mettere con goniometro, compasso e righello a misurare l'ampiezza dell'angolo per stabilire il grado di pericolosità di un saluto? Siamo evidentemente alla follia totale. Quando lasciò la Rai, dopo sessantatré, e dico sessantatré anni, disse che se n'era andato sua sponte, ma nessuno lo aveva trattenuto. Il che, per uno come lui, deve essere stato come un regicidio. Ci sono occupazioni e occupazioni, e quelle delle destre sono sempre più bestiali e pericolose, *ça va sans dire*: «La destra occupa la Rai per imporre una visione del mondo; un governo incompetente vuole riscrivere la storia, ma demolisce la Rai»; «neppure Berlusconi fece ciò che fa la destra, vogliono una contro storia rispetto a quella costituzionale»; «quelli di Berlusconi pensavano alle ballerine. Questi no. Sono arrivati per imporre una visione del mondo»; «temo il modello Orbán. Un restringimento dello spazio democratico progressivo, indolore, come la storia della rana bollita»; poi, in un crescendo terrorizzante: «... i limiti alla magistratura... una riforma che porta alla capocrazia, è lì che si arriva, nell'inavvertenza delle masse che hanno altri problemi, altre preoccupazioni. O se ne fregano». Ecco, quando le poltrone vengono assegnate dai barbari, partono le sirene, fischiano gli antifurti e attenti ai ladri di democrazia: siamo tutti in pericolo, la libertà di espressione è minacciata, dicono lorsignori mentre si accasano presso la concorrenza con lauti contratti.

Questa è esattamente la doppia morale, l'ipocrisia per antonomasia. Quelli che usano la libertà di espressione come una clava da brandire contro gli avversari politici: siccome vengono dalle fogne, non hanno diritto di comandare, noi che siamo i competenti, i giusti, i democratici senza peccati, possiamo fare quello che vogliamo.

Gli ipocriti del femminismo

Tutto è sessismo, pure un cesso

Oltre alla parola «fascismo», c'è un altro sostantivo che sentiamo ripetere in modo ossessivo e martellante. Si tratta del termine «sessismo». Esso riempie i palinsesti televisivi, è oggetto di dibattito nei talk show, è materia di approfondimento sui giornali e sul web. Insomma, siamo al cospetto di una vera e propria mania: ogni azione dell'uomo, ossia del maschio, ogni sua esternazione viene sezionata e giudicata in base a un unico criterio, passata al setaccio e analizzata affinché si giunga alla solita conclusione, alla consueta sentenza che, puntualmente, stabilisce che quell'individuo è sessista, come sessista è la società, come sessista è il sistema, come sessista è la destra. Di fronte al dio sessismo, qualsivoglia gesto maschile è valutato e interpretato come offensivo nei confronti della donna, quindi condannato moralmente. E chi lo commette viene in maniera inevitabile e inesorabile bollato quale soggetto pericoloso, maschilista, misogino e molestatore. E quel marchio d'infamia non te lo levi più dalla pelle e dalle palle, ti accompagna per sempre, compromettendo in modo irrimediabile la tua vita e le tue relazioni.

Ecco qualche esempio di ciò che chiamo «fondamentalismo sessista», altrimenti potreste essere indotti a credere che io esageri, e che non sia altro che un paranoico intriso di vittimismo. Avete mai pensato che James Bond fosse un personaggio sessista? Chi ha visto anche solo un film della saga, è mai stato assalito dal dubbio che i comportamenti dello 007 nella pellicola fossero vessatori e molesti nei confronti delle fanciulle con cui si accompagnava? Certamente no, eppure a questo si è arrivati. Ci vogliono far credere che lo straordinario personaggio della spia al servizio di Sua Maestà sia in realtà un porco molestatore di innocenti donzelle, vittime della sua fame predatoria. Così, in Gran Bretagna, sono state messe sotto accusa le scene da seduttore interpretate da Sean Connery, come se la seduzione, quantunque audace, fosse l'anticamera della violenza sessuale.

Nel mondo ridicolo del femminismo occidentale, l'operazione seduttiva di James Bond nei confronti di Pussy Galore nello straordinario *Missione Goldfinger* si trasforma in una forzatura, in una costrizione, in una violenza vera e propria. Quello che accade nella vita normale – cioè un uomo che fa il primo passo, la donna che resiste e poi capitola – è considerato criminoso da parte delle anime belle. Quante cazzate!

Ma ormai tutto è sessismo: sessista è un fischio per strada a una donna, sessismo è dire a una bella ragazza che ha un culo strepitoso, sessista è lo sguardo avido di un uomo di fronte alla bellezza femminile (lo sguardo è vita e andrebbe invece rivalutato, anche quello sognante e, sì, sbavante), sessismo è persino sedersi in un autobus e allargare le gambe: lo hanno chiamato *manspreading*, ossia l'appropriazione da parte degli uomini dello spazio fisico su un mezzo pubblico.

Vale la pena di soffermarsi su quest'ultima panzana delle Erinni di casa nostra: il maschio scomposto. Secondo l'attivista Rachele Consoli (oltre centosessantamila seguaci su TikTok), si tratta di un «atteggiamento tossico della nostra società, un atteggiamento che riflette il senso di superiorità». Avete capito bene: stando a questo genio, un uomo che, magari per distrazione, oppure per cafoneria, siede in modo sguaiato dentro il bus è indicato come misogino e portatore di discriminazione verso il genere femminile.

Siamo alla follia pura. Come quella di chi ha coniato altri termini, per esempio il *manterrupting*, che riguarda invece la tendenza degli uomini a interrompere il proprio interlocutore, specie se si tratta di una donna, occupando più spazio verbale di quello che spetterebbe loro; oppure il *mansplaining*, che sarebbe sempre, secondo queste scienziate, la propensione degli uomini a spiegare alle donne cose che queste ultime conoscono anche meglio di loro, in più con la pretesa che si fermino ad ascoltarli per imparare. Risultato, secondo tale pazzia: gli uomini, così facendo, minimizzano le conoscenze femminili, ponendosi arrogantemente al di sopra delle signore.

Ma la caccia al sessismo arriva pure a colpire i cessi. Avete capito bene, non sto scherzando. Succede che nei bagni dell'Università Sapienza di Roma ci siano, come dappertutto, l'immagine stilizzata di uomo e, poco distante, quella di una donna. L'uomo è vestito in stile ufficio, con tanto di cravatta, mentre la donna ha un vestito intero, le mani sui fianchi, il petto prosperoso in fuori. Apriti cielo! Per il *Corriere della Sera* i simboli sono «sessisti», in quanto la figura di lei, scrive la giornalista appassionata, appare «un po' ammiccante. Sembra l'icona di quelle donnine anni Cinquanta, le pin-up tutte curve e cotonatura alla Marilyn Monroe». Insiste il *Corrierone*: «Lui pronto a mettersi al lavoro alla scrivania. Lei pronta per la passerella in una sfilata di moda». Orrore, sacrilegio, discriminazione. La donna è rappresentata in modo distorto, incalza l'articolista, e occorre correggere l'errore, modificare quelle icone, essendo inaccettabile che siano presenti in un luogo pubblico «vissuto proprio da quelle nuove generazioni di donne che si battono contro ogni forma di maschilismo fino alla sua estremizzazione, che sfocia nella violenza di genere». Insomma, dalla femmina sexy appiccicata al cesso dei bagni all'omicidio il passo è breve. A chi, infatti, non sfugge il collegamento logico tra l'etichetta con le tette in evidenza e la cultura patriarcale assassina di cui è impregnato il maschio? Il delirio continua.

Il maschilismo inconsapevole

È molto in voga, perché socialmente apprezzato soprattutto da parte dei maschi, dichiararsi pubblicamente colpevoli di sessismo, invitando gli appartenenti alla loro categoria a ravvedersi cambiando atteggiamento nei confronti delle donne. È ovvio che stiamo parlando per lo più di uomini affermati, spesso benestanti o ricchi: persone che non hanno da pensare a come riempire la pancia ogni giorno. Si è autodenunciato del crimine di «maschilismo inconsapevole» l'attore e regista Edoardo Leo, il quale, in un'intervista rilasciata al settimanale *Vanity Fair*, nel novembre del 2024, in occasione dell'uscita del suo nono film da regista, ha affermato: «La fase di preparazione (del film) ha acceso una luce sul mio maschilismo inconsapevole, sui comportamenti patriarcali che qualche volta non ho riconosciuto o tenuto a bada». E poi: «Ho realizzato di non essermi mai indignato guardando il pugilato, sport nobilissimo dove a un certo punto però una ragazza in costume sui tacchi sfila con il cartellone del round e gli spettatori la insultano per divertimento. Quando è uscito il film *Mia*, ho intimato a mia figlia di quattordici anni: "Non permettere a nessuno di dirti come truccarti, come vestirti, a che ora uscire. Nemmeno a me", e mi sono pure sentito figo. Non mi ha invece sfiorato il pensiero di chiedere a mio figlio, oggi diciottenne, se è mai stato ossessivo, morboso, possessivo. L'altro giorno, davanti a una partita di calcio in tv, mi sono rivolto a un giocatore con un'espressione infelice: "Ma fai il maschio!"». Secondo l'attore, noi maschi «siamo tutti parte del problema», dunque dobbiamo «fermarci: per riflettere su quello che diciamo e facciamo, per metterci in discussione». La missione di Leo, dunque, è questa: liberare il maschio dai suoi atteggiamenti tossici, violenti, spesso inconsapevoli. Mi verrebbe da dire: parla per te, chi sei, il portavoce degli uomini? Ma le perle dell'attore non sono finite. La più straordinaria è quella della donna braccata dagli sguardi famelici in un ristorante. Problema fondamentale per le femmine di ogni ordine e grado: molte, infatti, si chiedono esterrefatte come sia possibile che non siano stati già insediati dei posti di pubblica sicurezza dentro i locali. Leo sostiene, a tal proposito, che una ragazza è imbarazzata quando al ristorante, vestita come pare a lei, va verso il bagno e «passa davanti a un tavolo di quattro maschi». Che succede, a parere del nostro? «Nel migliore dei casi la fissano come carne da macello, spesso le rivolgono commenti terribili.» E qual è la reazione del maschio femminista? Io, se sto a quel tavolo, «me ne vado». Siamo alla condanna dello sguardo. Ora vorrei osservare quanto segue: non risulta che le trattorie si siano trasformate in anfiteatri dove le povere, sventurate fanciulle devono schivare leoni affamati; guardare una ragazza con attenzione, fare la radiografia, non mi pare una cosa che si possa definire disdicevole, anzi, «è cosa buona e giusta, nostro dovere fonte di salvezza», e trova moltissime femmine entusiaste e contente; se passa un uomo piacente accanto a un tavolo di donne, secondo voi il bonazzo non viene squadrato da cima a fondo? Dai, su. Non rompete le balle con queste boiate.

Marco Rizzo e l'amore per la gnocca

Per fortuna, abbiamo ancora uomini che non hanno timore di confessare di avere un debole per la figa, assumendosi, così, il rischio di finire sotto attacco e sotto processo mediatico. Come l'ex eurodeputato Marco Rizzo, leader di un partito chiamato Democrazia Sovrana e Popolare; quando Rizzo immaginava che la proprietà privata potesse diventare collettiva a colpi di esproprio proletario, oppure esaltava Stalin considerandolo più degno degli americani, era ritenuto innocuo; anzi, in certe occasioni poteva anche servire. Poi ha sottolineato la pacifica bellezza di un paio di tette, ha cominciato a parlare come si esprime la gente comune, non si è sottomesso alla dittatura del politicamente corretto e delle associazioni Lgbtq, ha detto che ci sono mamma e papà e non genitore uno e genitore due, ha cominciato a bombardare i sinistri dei salotti e si è subito trasformato in un mostro. Ecco l'ipocrisia dei progressisti di oggi: o segui la loro agenda, oppure sei un infame, uno alla ricerca di notorietà, un esibizionista. In questo caso, anche un maiale. Rizzo è stato sottoposto a questo tipo di trattamento, tacciato di maschilismo estremo per avere osato dire: «Mi piace la gnocca e non mi dovete rompere le palle. Perché non devo dire questa cosa? Con tutto il rispetto per la battaglia durissima contro qualunque discriminazione di genere, ci mancherebbe. Ma non dovete imporci un modello». Apriti cielo. Gnocca? Che schifo, che volgarità. Ma non è finita. Nel febbraio del 2025 ha ripreso lo slogan con il quale Trump ha vinto le presidenziali statunitensi, ossia «Make America Great Again» («Fai l'America grande ancora»), declinandolo in italiano: «Fare l'Italia Grande Ancora», cioè, di nuovo, «viva la FIGA». Poi, non pago di avere ricevuto il bollino indelebile di sessista da parte dei progressisti, Rizzo ha postato sui social un video contro il riarmo; accanto a lui una escort, Donatella Zaccagnini Romito. E ha dichiarato: «Le uniche bombe che ci piacciono sono queste, viva la pace e no alla guerra». Scandalizzati, giornalisti e politici di sinistra hanno puntato il dito contro l'uomo nero che una volta era rosso, in quanto colpevole di sfruttare il corpo femminile. Ma cosa dovremmo fare per risultare rispettosi della donna? Dobbiamo dire che la figa ci fa schifo, così come le tette? Ci tocca essere falsi? Rinnegare la nostra mascolinità? Proclamarci tutti gay? Oppure stare zitti se vediamo una cosa bella? O, ancora, parlare come vogliono lorsignori? Quanta ipocrisia, quante crisi isteriche della *gauche* moralista italiana. Secondo *la Repubblica*, Rizzo «per difendere un principio ne calpesta un altro». Mostrare la scollatura di una donna che gli sta accanto, secondo i nuovi censori repubblichini, sarebbe «oggettivazione sessuale del corpo femminile». E Rizzo, messo al muro come un porco, diventa uno specializzato in «esternazioni provocatorie dal sapore sessista». Incredibile. Nessuno, per esempio, che abbia chiesto alla signora popputa se si fosse sentita offesa dal Rizzo-pensiero, perché altrimenti la narrazione del maschio prevaricatore sarebbe caduta. Per gli ossessionati dal sessismo, il suo parere non conta nulla. E si dichiarano pure inclusivi, buoni, democratici e progressisti: ma andate a cagare.

Il caso Prodi

Il sessismo oggi si annida ovunque, anche nella frase più innocua, in un piccolo gesto, in un fischio, in un saluto, in un titolo di giornale, in un cartellone pubblicitario con un bel culo, ma pure nel complimento più innocente: una vera e propria ossessione. I corifei, i paladini di questo fondamentalismo, sono ovviamente i progressisti, o presunti tali, i quali sono passati dal comunismo, dalla lotta per il proletariato, a una nuova ideologia totalitaria: il femminismo; solo che questa volta il fronte non è popolare, alla gente comune non importa assolutamente nulla delle declinazioni dei nomi al femminile e di altre stronzate simili.

I sinistri sarebbero capaci di scorgere, rigorosamente a occhio nudo, un microbo di sessismo in un pagliaio. Ma la loro vista a volte si fa difettosa, la messa a fuoco lascia a desiderare, la visuale si offusca, allorché, a rendersi autori di parole, gesti e atti che manifestano aggressività nei confronti della donna è uno dei loro: per esempio, un illustre, stimato maestro illuminato, progressista, intoccabile e tutto d'un pezzo come l'ex premier Romano Prodi. Nel marzo del 2025, Prodi, stizzito dalla domanda di una cronista del programma di Mediaset *Quarta Repubblica*, Lavinia Orefici, che aveva gentilmente e semplicemente posto un quesito evidentemente sgradito al Professore sul manifesto di Ventotene, non è riuscito a trattenere un moto di collera e ha tirato per qualche secondo i capelli alla malcapitata.

Orefici ha raccontato: «Il presidente Prodi, oltre a rispondere alla mia domanda con tono aggressivo e intimidatorio, ha preso una ciocca dei miei capelli e l'ha tirata. Ho sentito la sua mano tra i miei capelli, per me è stato scioccante. Lavoro per Mediaset da dieci anni, inviata all'estero su vari fronti e non ho mai vissuto una situazione del genere. Mi sono sentita offesa come giornalista e come donna». Prodi ha replicato, negando in modo categorico la versione della cronista: «Non ho strattonato o tirato i capelli alla giornalista di *Quarta Repubblica*, Lavinia Orefici, ma come tutti i giornalisti e le persone presenti possono testimoniare, ho appoggiato una mano sulla sua spalla perché stava dicendo cose assurde». Davanti a due versioni discordanti, da un lato quella di una donna che sostiene di avere subito una violenza, o comunque una molestia, e dall'altro quella di un uomo che si proclama innocente, sinistra e femministe tutte d'un pezzo ci spiegano da anni che si commette sacrilegio a non credere alla versione della donzella, la quale viene sempre presa sul serio, mentre il maschio è subito immortalato come porco e molestatore; il solo dubitare legittimamente, sulla base del principio della presunzione di non colpevolezza, è ritenuto un delitto. Ma non in questo caso. Quando l'aggredita risulta in qualche modo ascrivibile alla destra, e l'aggressore, invece, è di sinistra, ecco che la vittima diventa lui, il quale si trasforma magicamente in perseguitato; in questo ribaltamento di ruoli, Prodi è, dunque, martire di un complotto ordito dalle destre per demolirne la reputazione, mentre la giornalista sta sicuramente mentendo, perché la giornalista lavora per le reti Mediaset. Non solo: l'ex premier sarebbe addirittura caduto in una trappola architettata dai soliti fascisti al governo. Pazzesco, ma è successo per davvero.

Quello che vale per gli altri, nel caso della giornalista non conta nulla; senza nemmeno aspettare le immagini, da sinistra si leva un coro: io sto con Prodi perché lui è buono, pio, innocuo, mite, preso di mira da professionisti della provocazione senza scrupoli, ma soprattutto perché è dei nostri, dunque immacolato per definizione, per statuto. Insomma, sono anni che ce la menano con sermoni su parole e atteggiamenti anche minimi che possono costituire violenza contro le donne, poi arriva Prodi e passa tutto in cavalleria. L'unica cosa da dire è questa: andate a fare in culo, maledetti ipocriti del cazzo.

L'ipocrisia dei difensori di Prodi

Immaginiamo cosa sarebbe accaduto se al posto di Prodi ci fosse stato un esponente del centrodestra. Sarebbe stato fatto a fette, per poi essere servito a cena all'interno di uno di quegli studi televisivi dove ogni settimana viene apparecchiato lo stesso menu: i fascisti cattivi, maschilisti e prevaricatori. Pensate se fosse stato il sottoscritto in un momento di pazzia a mettere le mani addosso a una donna, anche solo per un decimo di secondo; oppure, chessò, un Nicola Porro o un Mario Giordano: sarebbe venuto giù il mondo, denunce, tribunali, pubblico ludibrio, richieste di licenziamento. Invece Prodi ha ricevuto difese d'ufficio, sostegno, parole di stima e affetto, dichiarazioni d'amore e di vicinanza, e tanta, tanta solidarietà, quella che abitualmente viene tributata alla parte lesa. E coloro che quotidianamente si battono per l'informazione libera, quelli che applaudono alle telecamere che inseguono i politici, ecco, gli stessi se la sono presa con la povera Orefici, che non avrebbe dovuto fare quella domanda sul caso Ventotene (giammai, non si può chiedere nulla su quel manifesto, perché è oro colato, lo decidono loro, i democratici, su cosa si può discutere!), che è una serva della destra. Prima che venissero fuori le immagini con le prove schiaccianti della tirata dei capelli, si è distinto soprattutto il giornalista Massimo Giannini, uno di solito molto premuroso nel rimarcare i pericoli che corre l'informazione sotto i governi, ovviamente quelli di destra; ebbene, il prode e coraggioso Giannini ha ovviamente elogiato il Prodi, il cui comportamento è stato «una lezione ai poveri sicari del giornalismo di regime». Proprio così: «sicari», perché è tutto consentito, se certi termini li utilizzano i giornalisti antifa. Quando sono saltate fuori le prove, Giannini, imbarazzato, ha dovuto ammettere: «È stato un gesto sgradevole, non doveva farlo, deriva soprattutto dalla sua età. È un professore di ottantacinque anni abituato a un certo paternalismo. Non c'è stata violenza in quell'atto, ma con un giornalista non lo devi fare». Sgradevole? Deriva dall'età? Paternalismo? Ma cosa significa? E che c'entra il fatto che sia una giornalista? Con un'impiegata del catasto invece andrebbe bene? Ve lo ricordate come il medesimo Giannini distruggeva Berlusconi ai tempi delle cene eleganti, ove gesti di violenza non se ne vedevano proprio? Ma l'editorialista de *la Repubblica* non è stato l'unico. Perché la piccola, grande storia di Prodi è emblematica dell'ipocrisia sinistroide. Ne è forse l'esempio più clamoroso degli ultimi anni. «Il Professore» ha fatto quello che ha fatto, amen, e, per dirla tutta, a mio parere, non si è nemmeno trattato di violenza, bensì di un gesto istintivo, una reazione senza intenzione di danneggiare qualcuno, una roba che, in una società normale e non permeata dall'ideologia femminista, non sarebbe neppure stata presa in considerazione. Una piccola, innocua tiratina di capelli. Sottoscrivo quello che ha detto colui che ha mandato Lavinia Orefici a fare quella domanda al Professore, Nicola Porro: «Noi non abbiamo mai pensato che quello di Prodi fosse un gesto violento, non abbiamo mai urlato alla molestia sessuale, non abbiamo mai urlato allo stupro… Ci chiedesse scusa e la chiudiamo lì. Ovviamente, se uno fa una violenza o uno stupro, non basta chiedere scusa, ma nessuno di noi pensava che fosse quello il caso». Il punto è proprio questo: Prodi dice all'inizio che ha solo messo una mano sulla spalla all'inviata, e tutti, a sinistra, tutti i buonisti e inclusivi, quelli dell'8 marzo in piazza, ecco, questi ci credono ciecamente. Che ipocrisia senza ritegno.

I volenterosi sostenitori del Prof

Peggio di Prodi ci sono i suoi volenterosi sostenitori, quelli sempre pronti a darti del sessista quando fai un complimento a una bella figa, quelli che applaudono all'arresto di un presunto molestatore di femmine, coloro che nei giorni comandati si macchiano di rosso sotto gli occhi per tributare la loro solidarietà alle donne violentate, gli stessi che stanno sempre lì con il ditino alzato a rimproverarti e a fornirti lezioni non richieste di bon ton. Sembrava quasi che il gesto prodiano si fosse trasformato a un certo punto in una volgare provocazione dei capelli di Lavinia Orefici che hanno spinto l'ex premier a tirarglieli. Facciamo un po' di nomi. Uno dei campioni del mondo di doppiopesismo è senza dubbio l'ex sindaco di Bergamo, Giorgio Gori, del Pd, che ha sposato subito la tesi del complotto. E dunque: «Colpisce la frustrazione che avvelena la destra nei confronti di Romano Prodi, dopo più di trent'anni, e che ancora ne muove il tentativo, patetico, di ammaccarne l'immagine. La sua colpa: averli battuti due volte, e non rinunciare a dire ciò che pensa, senza nulla temere». Stupisce che una persona intelligente, non ideologica, come Gori, il quale pure ha lavorato tanti anni per Silvio Berlusconi, e ripeto, Silvio Berlusconi, si affanni a difendere l'indifendibile. Ma è in buona compagnia. A cose ormai chiare, a fotogrammi ormai evidenti della stronzata fatta da Prodi, l'intera delegazione del Partito democratico al Parlamento europeo si mette in bella posa proprio con il Professore al centro: «Noi stiamo con Romano Prodi». E così sia, chissenefrega di una donna, tanto mica è dei nostri. Un tale Fabio Salamida, giornalista molto *de sinistra*, ha vergato senza pudore: «Romano Prodi ha fatto benissimo a rispondere in quel modo a una domanda stupida. Ha fatto benissimo a rispondere in quel modo all'ennesima e inutile provocazione. Prodi ha perso la pazienza come ormai l'ha persa più di mezza Italia. Perché questa roba pensa di avere il potere assoluto e di poter dire e fare quello che gli pare, calpestando tutti e tutto. Tutte le persone perbene dovrebbero iniziare a trattare trogloditi e analfabeti funzionali come meritano di essere trattati, seguendo il buon esempio di Romano Prodi». Un delirio. E che pena pure Claudia Fusani, giornalista e opinionista, che prima mette «Io sto con Prodi» come hashtag, poi scrive: «Chiarisco subito che la giornalista ha tutta la mia solidarietà. Ma non perché il Prof le avrà forse chissà sfiorato i capelli spiegando con enfasi il suo punto di vista». Era prima delle immagini definitive, certo, ma è curioso che siccome si tratta del Prof, icona democratica, e di una cronista di altra parrocchia, allora il possibile tiraggio della ciocca diventa un accarezzamento, mentre l'azione inconsulta di uno dell'élite non è mai molestia, ma «spiegazione con enfasi di un punto di vista»: fenomenale. In un collegamento tv da Paolo Del Debbio, a frittata ormai accertata in via definitiva, la signora Fusani non molla, troppo complicato ammettere di avere preso una tranvata in fronte; dunque «è ufficiale che Romano Prodi fa veramente paura al centrodestra» ed è finito «in un trappolone pazzesco». E non poteva mancare alla fiera dell'ipocrisia pure un esaltatore delle gesta prodiane come Luca Bottura, un giornalista di quelli tutti d'un pezzo, quelli che sembrano sempre vittime di qualche sopruso delle destre, puntualmente ossessionato da fascisti o presunti tali. Bottura ne è convinto: «Prodi ha fatto benissimo. Era ora che qualcuno desse al retequattrismo la risposta che merita. Peccato solo sia toccato a chi esegue ordini e non alla ghenga che ha trasformato una gran parte del giornalismo italiano nella cinghia di trasmissione della produzione di odio». E ancora: «Dicono che vada in giro a tirare i capelli a chi lo provoca: non è vero». Orefici? È solo una che esegue ordini, un semplice soldato che applica direttive che vengono dalla Cupola destroide di Mediaset. Sparisce proprio come persona, come femmina, come professionista, nella testa del buono, democratico, femminista, antifascista, inclusivo Bottura. Che poi, quando le immagini non possono più nascondere nulla, invece di andarsi a nascondere per qualche giorno, se ne esce così, prendendosela con il conduttore della trasmissione che aveva mandato Orefici da Prodi, cioè Porro, che ha inviato una persona «a provocarlo ripetendo la propaganda meloniana sul manifesto di Ventotene». «La Storia» ci insegna il nostro «è fatta anche di pesi e di misure», dunque lui ci tiene molto, moltissimo, a ribadire all'ex premier la sua «profonda stima» e il suo «affetto» – scrive proprio così – «per come ha tentato di cambiare in meglio questo sfortunato Paese. Nonostante i Porro di turno e la loro malafede». E l'episodio? Certo, «è molto dispiaciuto», perché la vicenda è «spiacevole ancorché parcellare». Quindi segnatevelo, la prossima volta che qualcuno tocca una donna, in qualsiasi parte del corpo, per le attenuanti del caso bisogna calcolare se la toccata di culo, o la lisciata di capelli, o il pizzicotto alla guancia sono parcellari o continuativi, se sono frazioni di secondo, oppure durano mezzo minuto. Il nuovo codice Bottura, non sto scherzando, potrebbe essere una grande innovazione giuridica. E questi sarebbero quelli che ogni giorno ti danno lezioni di correttezza. *Ma andate a ciapà i ratt*, per favore (per la traduzione, consiglio di usare Google).

Ipocriti a gogò

Oddio, adesso mi accuserete di essere ossessionato dalla storia della tirata di capelli prodiana. In realtà, è una di quelle cose che mi ha fatto impazzire, perché è il concentrato, la spremuta dell'ipocrisia della sinistra e del femminismo italiani. La fotografia perfetta del doppiopesismo, del predicare bene e razzolare male. Per questo continuo a martellare senza sosta contro chi non ha creduto alla giornalista di Mediaset, ma al Mortadella emiliano. Ripartiamo dall'ex sindaco di Firenze, Dario Nardella, ora al Parlamento europeo, il quale esprime solidarietà non alla donna ma a Prodi «per l'attacco subito» da una giornalista di Mediaset «che ha assalito il Professore con domande improvvise e con tono provocatorio». Ma l'ha vista la scena, Nardella? Perché sembra stia parlando del blitz di un corpo speciale dell'Esercito a una persona indifesa. Siamo al ridicolo. Come quello in cui è caduto anche Enrico Letta, che ha subito fatto sapere, urbi et orbi, che «Io sto con Prodi», per poi silenziarsi di fronte alla realtà. Il bello è che non soltanto prima, ma persino dopo che il filmato è stato diffuso ovunque con la prova della tirata di capelli, per i democratici restava Prodi la parte lesa, l'uomo probo a cui hanno fatto perdere le staffe, la povera vittima di una sporca macchinazione, di un tranello. Geniale Nico Stumpo, deputato del Pd, che l'ha vista come «la carezza di un nonno verso una giovane che forse avrebbe avuto bisogno di rileggere un po' la storia. Non penso che avesse in mente un atto sessista. Se fosse stato un ragazzo gli avrebbe tirato le guance». Peggio la dirigente dem

Debora Serracchiani che, ospite a *L'aria che tira* su La7, mirabile programma condotto dal mio amico David Parenzo, si è concentrata soprattutto sulla «pazienza» di Prodi di fronte alle domande dell'inviata: «Il gesto sarà anche stato inopportuno e sono convinta che sia il primo a esserne dispiaciuto, però onestamente non gli si può chiedere neanche di avere la pazienza di Giobbe... Mi permetto di dire: non esageriamo». Eh, insomma, non si può mica pretendere che un professore mantenga la calma davanti all'incalzare di una cronista! Poi, insultata sul web (accade a tutti, cara Serracchiani, non si scomponga), cerca di passare per vittima: «Nel video che ho commentato non si vedeva la tirata di capelli... si vedrà in un altro video, soltanto molte ore dopo, al programma di Giovanni Floris». Eh no, gentile signora democratica, cosa fosse accaduto lo aveva già detto la giornalista vittima del gesto. Solo che voi non avete voluto crederle, perché pensavate al *gombloddo* delle destre e perché lavora con Rete 4: siete stati semplicemente degli ipocriti, che poi è il titolo di questo volume. Insomma, il fischio per strada è molestia, invece tirare i capelli a una giornalista non si fa, è poco ortodosso, ma in fondo è un piccolo errore commesso da un anziano. Se il protagonista è uno di sinistra, allora si tratta di paternalismo; se invece è di destra, è patriarcato. Perché la sinistra, alla fine, non sbaglia mai. Essa non può sbagliare, essendo antifascista, antisessista, antirazzista, antiomofoba. A sbagliare sono sempre e soltanto gli altri. Tutto è sessismo, a sentire i progressisti, meno che il comportamento del padre nobile ulivista Prodi, in quanto costui è immacolato per costituzione.

La doppia morale

E lui? Romano Prodi l'acchiappacapelli, alla fine, dopo aver detto: a) di «avere appoggiato una mano sulla sua spalla perché stava dicendo cose assurde»; b) che «si scambia l'affetto con l'aggressione»; c) e anche, con tono sprezzante, che «figurati se parlo con un'altra giornalista, dopo dicono che l'ho stuprata», ecco, dopo queste belle cose, di fronte ai fotogrammi nitidi e inequivocabili, timidamente comunica: «Il gesto che ho compiuto appartiene a una mia gestualità familiare. Mi sono reso conto, vedendo le riprese, di aver trasportato quasi meccanicamente quel gesto in un ambito diverso. Ho commesso un errore e di questo mi dispiaccio. Ma è evidente dalle immagini e dall'audio che non ho mai inteso aggredire, né tanto meno intimidire la giornalista». Scuse? No. Errori di cui si dispiace, però sono cose abitudinarie, familiari. Poi si consegna nelle mani del coraggioso Corrado Formigli. L'intervista del conduttore di La7 è un capolavoro di doppiopesismo: cattivi coi nemici, accondiscendenti con gli amici; succede a ogni latitudine, per carità, ma evitate almeno di propinarci le vostre lezioni di giornalismo, non ci rompete la minchia con la vostra schiena dritta, imparziale e severa. In sintesi, cos'ha detto Prodi?: «Non ho intimidito nessuno, ho risposto a tutto»; «è da anni che i giornali della destra mi colpiscono»; «basta un piccolo incidente per fare un affare di Stato». Le scuse? Nemmeno l'ombra: «Uno si scusa di una malefatta, non di una cosa così piccola».

Insomma, se vi chiedete ancora perché sono rimasto a lungo su questa vicenda, che può sembrare minuscola, ecco la spiegazione. Più dell'azione prodiana, mi interessano le patetiche reazioni dei suoi sostenitori, quelli che si autoproclamano bravi, buoni, inclusivi, perché la sinistra non sbaglia mai, perché loro amano le donne, mentre gli altri le odiano, loro amano i gay e gli altri sono omofobi. Hanno parlato per anni di patriarcato e maschilismo, ma quando tocca a uno di loro, anzi, al leader storico, si può scherzare, ci si passa sopra. Sono impregnati di doppia morale dalla mattina alla sera.

Sessismo negli spot, sessismo in cucina

Ma torniamo al sessismo, che è in fondo la vera ossessione di questi tempi amari; sentiamo risuonare questa parola ovunque, rimbomba nelle nostre orecchie a tal punto che ormai non si distingue più nulla, non abbiamo la percezione di cosa sia davvero un'offesa, una molestia, e cosa, invece, uno scherzo, una goliardia, o semplicemente una licenza, un modo di esprimersi, cioè pura e semplice libertà di espressione. Spesso, per quieto vivere, e anche per non avere problemi con il lavoro, si è costretti a battere in ritirata e chiedere scusa. I casi sono infiniti. Qualche tempo fa, uno psicologo, bodybuilder e autore di un podcast, alla radio ha detto che «tutte le donne sono puttane», linguaggio provocatorio certamente, che però ha spiegato e motivato, testi scientifici alla mano. Non c'era offesa, ma il risultato è che ha perso tutti i suoi sponsor. Nessuno viene risparmiato, dai più sconosciuti a chi può difendersi meglio. Come Paolo Bonolis, bollato come patriarcale e ovviamente sessista per avere chiamato solo «signora» una direttrice d'orchestra durante la presentazione ufficiale di Pesaro Capitale della Cultura, e per avere scherzato con una percussionista dicendole che era molto sexy: «mi percuote l'anima. Questa sera suona il triangolo… come Renato Zero… il triangolo no, non l'avevo considerato». Battute, giochi di parole: Bonolis in purezza; ma i fondamentalisti si attaccano al solito discorso: «E se davanti a lui avesse avuto un direttore? Avrebbe giocato allo stesso modo?». Ma certo che lo avrebbe fatto. Magari avrebbe fatto pure peggio. Però la psicosi non concede sconti neppure nella pubblicità. Se si scorge un cartellone per strada con un sedere in bella vista, o con un doppio senso per attirare potenziali clienti, subito partono petizioni e condanne via social; sessiste sono le battutine di alcuni conduttori televisivi, opportunamente censurati ed emarginati: vietato soffermarsi sulle curve femminili. E sessista è pure lo spot delle calzature da lavoro in cui è protagonista la conduttrice Diletta Leotta. Scrive la giornalista Selvaggia Lucarelli: «Le pubblicità di Diletta Leotta per le solite scarpe infortunistiche sono sempre state brutte e vabbè... Hanno sempre avuto quel gusto anni Novanta nell'ammiccare al sesso, col corpo di Leotta al centro, raccontato come oggetto del desiderio maschile». Come fosse un delitto, una colpa grave: le tette e il sedere, il sogno degli uomini. Ma c'è di più: «L'ultimo spot fa un salto ulteriore: la pubblicità mette ancora al centro il corpo di Leotta con una ripresa di lei in minigonna inguinale e ripresa dal basso (e vabbè). Solo che questa volta lo sguardo maschile del desiderio, protagonista del solito spot sessualizzante, è quello di un bambino che avrà sette anni. P.S. Anche se la ragazza non è Leotta (comunque lo spot è costruito per lasciarlo credere), il discorso non cambia. Dispiace che esista uno spot del genere e che Leotta abbia accettato di esserne il volto». Nel delirio di questi tempi, quel filmato sarebbe stato poi sospeso e cancellato: un ragazzino sognante che ammira le gambe di una bella gnocca non si può sopportare. Incredibile. Dovrebbe fare scandalo un corpo femminile coperto, non il contrario. Ma amen, a questo siamo ridotti. Però anche in cucina c'è odore di sessismo. Il cuoco e influencer Max Mariola si è beccato anche lui un cartellino rosso parlando ai microfoni de *La Zanzara* della sua carbonara. Mariola si è macchiato di una colpa grave: dire le cose come stanno. A un certo punto, gli chiedo come mai esistono poche donne chef. E lui: «Perché è un lavoro molto faticoso. La immagini una mamma che sta lontana dalla figlia o dal figlio appena nato per dodici, quattordici ore? In cucina devi essere presente. Io ho prevalentemente uomini». Apriti cielo: Mariola finisce massacrato sul web dai benpensanti. Ma sessisti sono i mattoncini dei Lego, oltre che omofobi, sessista è chi non si dichiara femminista, sessista è non declinare tutto al femminile, sessista è il corteggiamento, sessiste sono pure le conquiste. Figuriamoci se non viene definito sessista uno come il sindaco di Terni, Stefano Bandecchi, il quale, in una delle sue tante esternazioni ruvide, ha avuto l'ardire di affermare che «un uomo normale guarda il culo di una donna e forse ci prova. Se ci riesce, se la tromba, altrimenti torna a casa». Non posso che essere d'accordo con Bandecchi. Sono maschilista perché apprezzo i sederi delle ragazze? E allora chiamatemi come volete, me ne fotto. Non c'è alcuna violenza nel guardare, ed eventualmente tentare un approccio. È la normalità: se poi l'uomo riceve un rifiuto, se ne va in buon ordine, senza rompere. Quasi una lezione di corteggiamento. Che ha detto di sbagliato il cattivo Bandecchi? Dire «mi piace il culo» è ormai liberatorio. È diventato oggi una forma coraggiosa di ribellione e di lotta contro il politicamente corretto. Ditelo più che potete, non arrendetevi alla censura.

I maschi femministi, il peggio

Ma peggio delle femministe ci sono i maschi femministi. Quando si parla di diritti delle donne, troviamo una collettività di uomini che, per senso di colpa, o per acchiappare qualche like sui social, si impegnano nello sport più praticato al mondo: il vittimismo. Sono lì, affranti, a dichiararsi colpevoli di qualsiasi cosa, di qualsiasi gesto, anche il più innocuo: una volta di avere alzato la voce, un'altra volta ancora di non avere collaborato alla pulizia del sedere del bambino, di non avere stirato una camicia, ma si battono il petto anche perché lavorano troppo, o semplicemente perché sono maschi, dunque per definizione prevaricatori e dominatori. Il vincitore per distacco degli ultimi anni è certamente un certo Saverio Tommasi, giornalista della testata *Fanpage*, il quale, rincasato stanco dall'ultima battuta di caccia al fascista, si è adoperato nel comporre il seguente post: «Oggi sono rientrato tardi, non avevo ancora pranzato, ho un aereo nel tardo pomeriggio, e prima tre treni e una navetta. Arrivato a casa vado per farmi la doccia e preparare le valigie, mia moglie è in sala da pranzo, le chiedo se può mettermi per favore l'acqua sul fuoco. Caterina è nei paraggi, sente ed esclama: "Non siamo mica nel Medioevo!". A parte ovviamente l'esagerazione, la strada è quella giusta. Ci guardiamo soddisfatti, sorridiamo, e poi l'acqua me la metto da solo. Buon 8 marzo a tutte e tutti». Dunque chiedere alla propria compagna di mettere su l'acqua per la pasta scopriamo essere atteggiamento da correggere, una cosa patriarcale. Un po' come quando la Boldrini faceva le battaglie perché non apparissero sugli schermi gli spot con donne che servono a tavola: stereotipi da superare, diceva. Minchiate colossali, ovviamente, di cui le persone normali che hanno due neuroni in testa, ma soprattutto poco tempo durante la giornata, se ne fregano altamente. Pesco qualche commento tra i più pertinenti sotto lo scritto di Tommasi, da Facebook (operazione che non faccio mai, chiedo venia, ma l'eccezionalità del caso mi spinge a violare questa regola aurea): «Di tutti i post che tocca leggere l'8 marzo questo è il più avvilente, sciocco e fuori luogo... Confondere la gentilezza e la condivisione con la prevaricazione non fa bene a nessuno: uomini, donne e figli, maschi o femmine che siano. Io ho messo sul fuoco decine di pentole d'acqua per mio marito, mio marito ne ha messe decine per me»; «Nel Medioevo non so, ma nel 2025 un gesto gentile tra coniugi può ancora rientrare nella normale buona educazione»;

«Un episodio che spiega bene la lotta femminista di slogan che non serve a nulla. Se la mia compagna deve prendere 3 treni e un aereo io butto la pasta. Se sono io a dover prendere treni e aereo, lei butta la pasta. Non è Medioevo, non è patriarcato, è collaborazione»; «Quindi a un essere umano che ha deciso di passare la vita con un altro essere umano non si può più chiedere una gentilezza?»; «Più leggo i post di Saverio Tommasi più voto a destra ad ogni elezione»; «Sei ridicolo, non importa se si tratti di un uomo o di una donna, se uno dei partner è oberato di impegni stare insieme significa che l'altro partner gli dà una mano. Vale tanto per l'uomo quanto per la donna. Questa è parità, la tua invece è una caricatura dell'iperfemminismo estremista...»; «Si chiama collaborazione, educazione e anche gentilezza ed empatia. Anche questi, soprattutto questi, sono valori da insegnare»; «Io ti avrei denunciato alle autorità competenti. È vergognoso che nel 2025 ci siano uomini che si permettano di perpetrare una violenza simile come quella di chiedere alla moglie di mettere su l'acqua per la pasta»; «La strada è quella giusta per rendersi ridicoli»; «Hai chiesto al conduttore della navetta se fosse antifascista? Così, giusto per stare sicuri»; «Se tua figlia prende un normale gesto di gentilezza fra due persone che (spero) si vogliono bene come IL PATRIARCATOHHH, io qualche domanda su come la avete educata me la farei»; «Hai dimenticato di aggiungere "dal manicomio è tutto, a voi studio"». Se non ci fosse, andrebbe inventato: lunga, lunghissima vita a Saverio Tommasi.

L'ipocrisia di chi nega la violenza sugli uomini

Tempo fa, a Napoli sono apparsi dei manifesti con l'immagine di un uomo seduto, affranto, con la testa tra le mani e la scritta: «Ma la violenza ha sempre lo stesso sesso?». Sotto, un indirizzo mail a cui rivolgersi, quello di un Comitato contro la violenza sugli uomini: indignazione, richieste di rimozione. Secondo alcune associazioni, infatti, quel messaggio «distoglie l'attenzione dalla piaga dei femminicidi» e «ostacola l'attività dei centri antiviolenza». Per altre, si tratta invece di una «propaganda mascolinista che nega il femminicidio». Non sapevo dell'esistenza di questa parola, «mascolinismo», se la sono inventata delle femmine talebane che non sopportano la libertà di espressione, e dunque chi osa parlare di abusi subiti dall'altro sesso va messo a tacere, perché sono «manifestazioni di resistenza al femminismo». Ipocrisia pura. L'ideatore dell'iniziativa napoletana, l'avvocato Angelo Pisani, messo sotto accusa come fosse un criminale per avere osato parlare dell'argomento, rispose così: «La violenza non può e non deve essere appannaggio di una sola parte».

A Bologna, in occasione della festa del papà, sono spuntati altri cartelloni con uno sfondo di colore azzurro e alcune frasi: «Sei un fallito», «Ti tolgo i figli e ti rovino», «I figli sono miei perché li ho partoriti io», con il commento: «Se te lo dice è violenza». Questa volta l'idea è venuta all'associazione Genitori sottratti, creata da genitori separati che si battono per la bigenitorialità paritaria, cioè la garanzia che i figli possano stare con entrambi, padre e madre, allo stesso modo; la campagna imitava l'iniziativa della Regione Emilia Romagna contro la violenza sulle donne, con scritte del tipo: «Ma quanto hai speso? Non sai neanche fare la spesa, se te lo dice è violenza»; «Non sei in grado, decido io, se te lo dice è violenza»; «Sei cretina, se te lo dice è violenza»; «Neanche le tue amiche ti sopportano, se te lo dice è violenza».

Ma riempire le città con cartelli che riguardano i maschi in pericolo è come commettere il reato di vilipendio al presidente della Repubblica, vieni trattato come un mostro. Un doppiopesismo insopportabile. I manifesti sugli uomini sono accompagnati da titoli di giornale come *La controversa pubblicità* oppure *Pubblicità choc*, gli altri, sulle donne, come un'iniziativa meritoria. Cosa ci sarebbe di controverso nel far conoscere i problemi dei padri separati e spesso ridotti sul lastrico? Basti pensare a quello che disse il vicesindaco della città rossa, Emily Clancy: «Peccato non poterli vietare». Ecco, vietare: il mantra della sinistra. Insomma: la democrazia è una cosa meravigliosa, il dibattito aperto è il sale della nostra civiltà occidentale, i sinistri si riempiono la bocca con tutte queste belle cose, ma solo quando piace a loro, solo quando lo decide il loro salotto, il circoletto dei buoni, sugli argomenti che vogliono. Osi parlare di violenze contro i maschi? Non sei degno manco di fare un manifesto, sei fuorviante, metti le due cose sullo stesso piano. Ha scritto giustamente l'insegnante e divulgatrice Yasmina Pani: «Il succo è sempre lo stesso; sì, va bene, qualche uomo subisce violenza, qualche uomo finisce a mangiare alla Caritas perché la moglie gli ha portato via tutto, qualche altro si suicida perché ai figli è stato fatto credere che è un violento, ma comunque la violenza sulle donne è sistemica, quindi i cartelloni li possiamo appendere solo noi». E ancora: «A certo femminismo dà fastidio proprio questo. Lo status di vittima va riconosciuto unicamente alla donna, guai estenderlo anche ai maschi! Chi può dire a cosa spianeremmo la strada? Finiremmo forse con l'ammettere che anche gli uomini hanno problemi, che non sono poi così privilegiati come abbiamo sempre voluto far credere. Inaccettabile!». Per la Pani, «La macchina da soldi del femminismo social è stata costruita interamente sulla rappresentazione di un mondo diviso tra maschi carnefici e privilegiati e femmine oppresse e schiacciate… Il risultato è che persone reali, con problemi reali, che si trovano in situazioni di sofferenza e pericolo, vengono lasciate sole… Egualitarismo, sì, ma sempre con qualcuno più uguale degli altri». Quello che dice è assolutamente vero. Oggi la donna è sempre e solo vittima, bersaglio della brutalità e dell'avidità di dominio dell'uomo, il quale è per definizione colpevole. Questi due stereotipi, ossia quello della donna martire e quello del maschio dominatore e molestatore, sono ormai radicati nella coscienza collettiva, e ciò comporta una stortura alla quale siamo completamente assuefatti: diamo sempre per scontato che, allorché una lei punta il dito contro un lui, il maschio abbia torto a prescindere. Non ci poniamo nemmeno il dubbio che l'accusato possa essere stato infamato, che i fatti possano essere diversi rispetto alla versione della donna, sedicente vittima.

Quello che sostiene l'uomo spesso ci lascia indifferenti, non ci interessa. O almeno non interessa l'informazione, che arriva subito alla conclusione e alla sentenza di condanna nei confronti di chi avrebbe commesso un abuso, ma in realtà è solo e soltanto un imputato. Ci sono decine di testimonianze che non trovano lo spazio adeguato di uomini messi al pubblico ludibrio come molestatori, e dopo anni assolti perché il fatto non sussiste a causa di accuse completamente inventate: intanto le loro vite sono andate a farsi benedire, le loro finanze sono state prosciugate e le relazioni distrutte. Un massacro. Ma non se ne può parlare. Anche gli uomini subiscono violenze, anche le donne possono essere violente: lo testimoniano le cronache, e pure i dati di alcune associazioni. Ma è vietato anche solo accennarlo, si commetterebbe un crimine di lesa maestà. I padri separati si trovano spesso a vivere dei veri e propri drammi, sono ridotti sul lastrico, in alcuni casi in povertà assoluta, perseguitati da ex mogli che negano loro la possibilità di vedere i figli, che li usano come bancomat, che li minacciano. E pensate un po', c'è pure gente che si suicida. Diciamolo piano, però, non se ne parli troppo pubblicamente, perché altrimenti si fa torto alle donne. Benvenuti nella Repubblica dell'ipocrisia.

La follia del linguaggio inclusivo

Povera università

Quando vi raccontano che il woke è tramontato, non credeteci. Vogliono ingannarvi allo scopo di tornare all'assalto della realtà. Aspettano soltanto che sia finita la buriana Trump, per poi presentarsi di nuovo all'incasso con tutte le loro follie: inclusione, posti di lavoro riservati alle minoranze etniche e di genere, cambiamento del linguaggio in nome di un fantomatico rispetto, programmi scolastici stravolti perché considerati troppo occidentali e dunque razzisti per definizione. Questa paccottiglia ideologica rimane lì. Una delle ultime ossessioni woke colpisce direttamente la lingua italiana che, secondo alcune menti sopraffine, andrebbe rivista, adattata, modificata, resa più attuale e democratica. L'ho raccontata nel mio precedente libro, *Via Crux*. L'obiettivo? Fare in modo che nessuno si senta escluso tra uomini, donne, trans, persone non binarie e chi più ne ha più ne metta. Una riverniciata al nostro meravglioso idioma al fine di rispondere alle ultime istanze sociali e mostrarsi rispettosi nei confronti dei cosiddetti «fluidi», termine che ormai conosciamo benissimo e da cui siamo bombardati, il quale indica tutti quei soggetti che non si riconoscono in nessuno dei due generi.

Bisogna essere chiari su questo punto: chi pensa di avere un corpo sbagliato, ha tutto il diritto di fare il suo percorso e trasformarsi in quello che vuole; lo stesso vale per coloro i quali non si sentono né maschi, né femmine, che vanno rispettati in tutto e per tutto, ci mancherebbe altro. Ma non si può pretendere di stravolgere il linguaggio e la grammatica, che vengono utilizzati da tutti, in nome del rispetto di piccole minoranze: che si adattino, non cerchino di prendere il sopravvento sugli altri. Purtroppo, è di questo che si occupa oggi la sinistra in tutto il mondo: come se al fruttivendolo, al macellaio, all'operaio, all'impiegato, al muratore, che devono arrivare a fine mese, fottesse qualcosa delle pippe mentali su una vocale da cambiare o un plurale da cancellare.

Infatti, un terreno fertile dove portare avanti questa eroica battaglia sulla lingua è l'università. Gli atenei nostrani, da nord a sud, sembrano impazziti: brulicano più che mai di rettori, docenti e studenti che non vedono l'ora di bandire, per esempio, il tanto demonizzato maschile generico. La soluzione? Le cosiddette forme neutre, che seguono delle regole morfologiche nuove di zecca, architettate ad hoc per mettere d'accordo tutti. Ma eccoci, qui sarei già colpevole, poiché dire «tutti», a quanto pare, è discriminatorio. Le opzioni papabili, ma soprattutto politicamente corrette, sarebbero dunque «tutti e tutte», o «tuttu», che non si può sentire nemmeno se a parlare è un tizio nato e cresciuto a Sassari. In alternativa, si può ricorrere alla grande genialata del decennio: eliminare direttamente le desinenze declinate al maschile o al femminile, per evitare di offendere con le vocali. Ed è proprio qui che entrano in campo il mitologico asterisco e lo schwa, l'ormai famosa «e» rovesciata che rende i sostantivi neutri. Una lettera ignava, insomma. Capito? Io no, lo ammetto. Eppure, sospetto che nemmeno quei geni che partoriscono simili diavolerie riescano a stare appresso a questi deliri.

Per indirizzare al meglio la nuova generazione, diversi atenei hanno deciso di attingere ai loro preziosi fondi e di affidare a «specialisti del settore» l'opera di lavaggio del cervello. Un esempio clamoroso è il Politecnico di Torino, un'eccellenza del nostro Paese, dove adesso si occupano di roba come il «Gender Equality Action Plan», che già solo a pronunciarlo sembra una supercazzola. E invece è un documento vero e proprio, ufficiale, che illustra come dovremmo esprimerci per non essere offensivi; insomma, la lingua del futuro, con tanto di glossario, schemini e disegnini. Siamo evidentemente alla paranoia. Ma non se ne rendono conto, anzi. Pensano davvero di portare avanti una guerra decisiva per l'evoluzione della società. E si sono dotati di un avvocato, Nicoletta Parvis, la quale vuole «superare gli stereotipi anche attraverso l'uso del linguaggio... è uno strumento potente nella costruzione dell'identità... non parliamo solo di parole ma di un sistema di gesti, suoni e simboli dotati di significati». Mentre cerchiamo di capire quali siano i suoni o i simboli da riadattare alla nuova epoca inclusiva, ecco intanto che bisogna evitare l'uso del maschile generico: «Utilizziamo formule come "la popolazione studentesca" invece che "gli studenti" per includere tutte le persone senza distinzioni». Dunque meglio «corpo docente» al posto di «professori», che suona troppo macho. Non ci avevate mai pensato? No? Be', adesso c'è chi lo fa per voi, con i soldi delle rate pagate dalle vostre famiglie. Oppure ecco la doppia forma, «dottorandi e dottorande», tanto per complicare la vita a chi scrive. È questa la grande, fondamentale rivoluzione, il nuovo fronte popolare progressista: stravolgere la lingua. Se non fosse comico, ci sarebbe da piangere.

Deliri ed eroi

Ma il delirio di Torino non finisce qui. L'obiettivo, scritto nero su bianco, è quello del «superamento del genere» e del «binarismo». E allora «i candidati» non va più bene, e in nome di chi prova un disagio, meglio usare «le persone candidate»; il «contratto di ricercatore» non va più di moda, c'è odore di uomo in eccesso: in sua vece tocca scrivere «contratto di ricerca», che è più neutro, dunque nessuno dovrebbe offendersi; quella da usare è la forma impersonale, basta maschi e femmine, meglio la neutralità, la forma indistinta, la grande mischia dei generi dove tutto è caos e nulla è come prima, a costo di sprofondare nel ridicolo: «gli studenti devono presentare la domanda», è da cambiare in «la domanda va presentata», perché l'importante è annullare la declinazione al maschile. Prima del capoluogo piemontese, spiccava soprattutto l'Università di Udine, la quale «cresce con tutt* e per tutt*» perché «UNIUD è inclusiva». No, non me lo sono inventato: questo è lo slogan che scelse l'ateneo per fare pure una campagna di affissioni. Giordano Bruno Guerri commentò così: «Pover* universit* di Udin*, la stoltezz* ti ha toccat*». Aveva ragione lui: era un'idiozia assoluta pensare di comunicare con gli studenti snaturando la lingua italiana con segni incomprensibili. Gli risposero, piccati, che «i tempi sono cambiati», e chi non lo capisce è «conservatore e reazionario». Ecco, questa è la classica risposta dei cosiddetti inclusivi, di coloro che si autoproclamano rappresentanti della modernità: se non la pensi come loro sei arretrato, appartieni in sostanza a un mondo che deve scomparire, sei nemico del progresso e soprattutto non rispetti le diversità, sei uno che discrimina. Alla faccia della libertà di pensiero. Purtroppo, Udine ha fatto da apripista per altri casi. Quello di Bari, per esempio, dove all'Università hanno realizzato all'inizio del 2025 un vademecum per «rispettare le differenze di genere», un elenco delle parole proibite, una sorta di lista di proscrizione dei vocaboli. Se c'è una cosa che mi fa incazzare è proprio questa: ma per rispettare qualcuno è proprio necessario violentare il linguaggio? Per tutelare le persone bisogna perdere tempo a modificare le parole? A Bari hanno stilato un bignamino per aggirare, addirittura, la «comunicazione sessista». Lo hanno chiamato *Linee guida per l'adozione di un linguaggio ampio rispettoso delle differenze*. La prima indicazione è di origine boldriniana, cioè rispettare i femminili professionali: «ingegnera», «medica», «banchiera», «fabbra», e anche «capoinfermiera»: immagino che sia una priorità per coloro che lavorano o hanno relazioni con l'ateneo; cioè uno si sveglia la mattina e la prima cosa cui pensa è non sgarrare sul femminile, altrimenti potrebbe mancare di rispetto a qualcuno. Ma non è tutto. Una delle priorità è vietare il «buongiorno a tutti». Non so se avete afferrato: i massimi organi di un ateneo si sono riuniti per deliberare che un'espressione antica, una formula ampiamente utilizzata in milioni di occasioni, senza che una singola persona abbia mai protestato perché si è sentita discriminata, ebbene, adesso viene cassata, perché considerata poco adeguata ai tempi. Roba da manicomio. Anche alla Luiss di Roma hanno realizzato un manuale, anzi le *Linee guida per un linguaggio inclusivo*: tra le novità rilevanti per un futuro radioso, si consiglia di non usare «signorina», non sia mai che qualcuno possa rimanere mortificato. E ancora: «persone con disabilità» anziché «disabili», «persone migranti» invece di «immigrati» evitando pietismi o toni eroici. Si suggerisce ancora di usare forme inclusive anche nelle formule di apertura («Care studentesse e cari studenti» invece di «Cari studenti»), nelle indicazioni pratiche («l'istanza deve essere presentata» al posto di «lo studente deve presentare la domanda»). Mi chiedo: ma chi ha tempo di leggere tutte queste cose? E poi: che senso ha? Davvero pensiamo che tutti questi manuali, chiamateli come volete, ci facciano fare un passo avanti, ci facciano diventare più tolleranti?

Ma *C'è chi dice no*, come il titolo di una vecchia canzone di Vasco Rossi. In mezzo a questa isteria collettiva, si accende una fiammella di speranza: qualcuno all'interno degli atenei comincia ad alzare la voce, a opporsi a queste baggianate. A Torino, ecco Elena Maria Baralis, proprio al Politecnico: vuole continuare a essere chiamata professore, lo preferisce a prorettore. «La mia carica è questa» sembra abbia detto a chi la accusava di tradimento.

Mentre il Ministro Valditara, con una circolare, ha vietato asterischi e altri segni grafici. Però pensate un po', viene accusato dai progressisti di discriminare le minoranze. Incredibile.

Riscrivono pure l'inno d'Italia

Rompere i coglioni con pronomi e desinenze poteva mai bastare? Certo che no. Dunque, i paladini dell'inclusione, del politicamente corretto, si sono spinti ben oltre e hanno puntato il dito nientepopodimeno che su Goffredo Mameli, buonanima. Sì, quel Goffredo Mameli, quello dell'inno nazionale, morto e sepolto da duecento anni. Secondo gli ultimi scleri woke, infatti, l'inno d'Italia sarebbe discriminatorio, maschilista, misogino perché con «fratelli d'Italia» si rivolgerebbe solo ed esclusivamente agli uomini, discriminando le donne. Ma è un inno, porca puttana, scritto per celebrare la patria non per escludere le signore!

«Mi è stato proposto di cantare l'inno d'Italia dopo una manifestazione sportiva... La prima cosa che ho pensato è bene, accetto, ma cambio il testo per renderlo più inclusivo. Ho scoperto però che sarebbe stato vilipendio alla bandiera. Mi sono detta che forse non è il caso. Si sono aperte due opzioni. La prima era di rifiutare, la seconda, che è quella che ho intrapreso, era l'opportunità di prendere uno spazio, farlo da donna queer vestendo determinati colori per dare un messaggio molto chiaro. Le persone queer esistono, le persone transessuali esistono, le persone non binarie esistono e non sono cittadini, cittadine, cittadinx di serie b. Hanno pari doveri e diritti della società italiana»: questo ha scritto sui social, nel febbraio del 2025, tale Francamente, all'anagrafe Francesca Siano, 28 anni, una cantautrice torinese che ha pure partecipato al programma *X Factor*.

E ancora: «Le persone nere esistono. Tante sono le persone stanche di un'Italia razzista, omofoba, che si riconosce in un tricolore anacronistico. Quando viene scritto l'inno di Mameli si pensa a unificare diversi Stati sotto un'unica bandiera. Penso che l'obiettivo debba essere quello piuttosto di unificarsi sotto una bandiera di pace, di inclusività».

Insomma, ragazzi, cancelliamo il tricolore e mettiamo al bando il nostro inno, sostituendoli con la bandiera arcobaleno (o con quella palestinese, che è tanto in voga) e una canzoncina di Raffaella Carrà, che piace tanto agli omosessuali, così l'Italia sarà un Paese migliore, meno omofobo e meno razzista. Farneticazioni.

L'ultimo avamposto woke, Londra

La Gran Bretagna è diventata la nuova frontiera dell'inclusività. Leggere qui di seguito per credere:

i dirigenti senior della BBC, la gloriosa tv di Stato, vengono pagati di più se sono donne, disabili o appartenenti alla comunità Lgbtq e a minoranze etniche. Dunque un capo gay ha uno stipendio del 15,6 per cento più alto rispetto a un suo pari grado etero. I neri e gli asiatici, invece, si mettono in tasca il 12,6 per cento in più dei bianchi. Insomma, se vuoi guadagnare di più, basta che non ti piaccia la figa, oppure avere la pelle un po' colorata fa certamente curriculum. Ma anche i pompieri sono finiti nell'occhio del ciclone: ci sarebbero troppi bianchi e troppi maschi, e dunque il settore sarebbe razzista e misogino. Secondo un rapporto interno, l'inclusione è importante quanto la competenza: evidentemente, a spegnersi è stato il cervello, più che gli incendi.

Sempre in Inghilterra, i servizi segreti hanno lanciato un programma di stage vietato agli studenti bianchi, un'iniziativa chiaramente razzista ammantata, però, di buone intenzioni. Ancora: agli agenti di Polizia è stato fornito un vademecum linguistico di nove pagine che sono tenuti a adottare al fine di essere inclusivi. In base a tale documento, è vietato adoperare espressioni quali «pecora nera», «lista nera», «segno nero», dal momento che esprimerebbero razzismo. Ma è altrettanto proibito dire «donna incinta» per non ferire trans e non binari, meglio «persona incinta»; al posto di «anziano» è opportuno ricorrere a «persona matura». E persino la parola «fede» è stata indicata come offensiva, poiché troppo «cristianocentrica» nei confronti di chi cristiano non è. Ma come si fa? Voi immaginate un poliziotto, il quale, mentre rischia la propria vita, deve pure consultare un manuale per accertarsi di non essere poco delicato con il delinquente che ha di fronte. Meritiamo l'estinzione.

L'ipocrisia dell'accoglienza

Ipocrisia vaticana

Abbiamo parlato finora di ipocrisia, descrivendola in varie forme, ma effettivamente, cos'è l'ipocrisia? Ritengo che papa Francesco, di recente scomparso, ne abbia fornito una definizione puntuale: è l'atteggiamento di chi vuole «apparire di un modo ed essere di un altro», ovvero di chi adotta la finzione allo scopo di simulare quello che non è.

Bergoglio l'ha definita anche come «linguaggio del diavolo», cioè «del male», che «entra nel nostro cuore e viene seminato dal diavolo», «qualcosa che Dio non tollera». Del resto, Gesù Cristo utilizzò l'espressione efficacissima «sepolcri imbiancati» per indicare quegli individui che esteriormente paiono puliti, cioè retti, puri, perbene e immacolati, i quali interiormente, invece, ovvero al di là delle pareti tinteggiate, nascondono ogni sorta di putridume.

Non intendo essere blasfemo, ma a proposito di ipocrisia il Vaticano non è secondo a nessuno; non possiamo infatti non considerare ipocrita la maniera in cui il papa, nel corso del suo pontificato, ha declamato l'esigenza di accogliere gli immigrati in un Paese che non è il suo: ricordo sempre, anche in questo libro, che spesso rendiamo omaggio, senza neppure discutere, acriticamente, a quello che è pur sempre il capo di uno Stato straniero, la Città del Vaticano, peraltro nemmeno eletto dal popolo, ma da un gruppo ristretto di cardinali, in gran parte da lui nominati (e, dicono, ispirati pure dallo Spirito Santo). Facile dunque essere buoni, accoglienti, inclusivi, samaritani: il conto, spesso salato, lo pagano gli altri. Ricordiamo infatti che coloro che sbarcano in Italia sostenendo di essere profughi in cerca di protezione umanitaria sono in realtà clandestini: il più delle volte, lo status di perseguitati non viene loro riconosciuto, in quanto non presentano i requisiti necessari per godere dell'attribuzione del diritto di asilo. Non scappano da guerre o persecuzioni, mirano a insinuarsi senza documenti in Italia, agevolati dal fatto che da queste parti saranno assistiti e non respinti, come accade invece in qualsiasi altro Stato del pianeta.

Dunque è l'Italia il Paese che subisce per primo il *volemose bene* pontificio: l'accoglienza a ogni costo di chiunque voglia cercare fortuna e felicità. Ci sta essere cristiani, umani e generosi, per carità, ma fino a un certo punto, e soprattutto non col culo degli altri, scusate il francesismo. Insomma, tra chi predica bene e razzola male sull'immigrazione, al primo posto si piazza senza dubbio il Vaticano. E la situazione non sembra essere molto diversa nel passaggio da Bergoglio a papa Leone XIV, ma spero di vivere ancora in una società libera, dove è possibile contestare le parole che vengono dal sommo rappresentante del cattolicesimo senza che qualcuno gridi al regicidio. Ogni cittadino dovrebbe avere la possibilità di muovere critiche alle massime autorità civili, politiche e religiose senza per questo essere accusato di attentato alla Costituzione o subire discriminazioni per le sue idee. Pure il papa può essere criticato, e anche ferocemente: nessuno di noi dovrebbe avere timori a farlo.

Ricordiamo che Francesco ha sempre posto l'immigrazione al centro della sua azione, fin dai primi giorni della sua elezione. Nel luglio del 2013 egli scelse, non a caso, come meta del primo viaggio papale, l'isola di Lampedusa, perché impressionato, così si era detto, dai ripetuti naufragi, in particolare da quello avvenuto pochi giorni prima, e dalla tragica sorte di chi cerca una vita migliore avventurandosi in mare. Pronunciò, il pontefice, un vero e proprio discorso politico a favore dell'accoglienza. E così ha proseguito durante il suo governo: una volta disse anche che il respingimento era «peccato grave». Come dire: se uno Stato non fa entrare chi ha bisogno, chi è meno fortunato di noi, non può considerarsi civile, secondo i criteri papalini. «Si prendano più migranti» per superare la crisi delle nascite, disse una volta, alla stregua di un segretario del Pd qualsiasi: Bergoglio, scrisse in modo efficace Max Del Papa sul sito di Nicola Porro, era una specie di influencer dell'immigrazione.

Pronunciava belle parole, anche commoventi, ma ogni Paese ha il diritto di controllare chi entra e chi esce dal suo territorio, e in alcuni casi rimandare a casa chi non è desiderato e non ha alcun diritto da pretendere. La parola «respingere», dunque, è in realtà bellissima, fa parte delle prerogative inderogabili di qualsiasi Stato: regolare l'immigrazione non è indifferenza, né insensibilità, men che mai cattivismo o razzismo. Che i papi se ne facciano una ragione.

Frontiere vaticane? Sbarrate

Il papa cattolico, coadiuvato nel periodo bergogliano per amor di business da Luca Casarini (l'ex leader dei no-global convertito al cattolicesimo e alla salvezza del migrante in mare) è rimasto, insieme ai capi della sinistra italiana, uno dei pochi a difendere un'improponibile idea di accoglienza fiabesca o mitologica: l'immigrazione come unica ancora di salvezza di un Occidente altrimenti condannato all'estinzione. Senza curarsi, ovviamente, di quello che comporta l'arrivo di frotte di immigrati senza nome e senza lavoro per la sicurezza e le periferie. E dunque, durante il periodo di Francesco, la Santa Sede è diventata una centrale di propaganda di slogan buonisti come «anche noi siamo stati migranti», oppure «quando gli albanesi eravamo noi» e via discorrendo. Sentivi Bergoglio e ti sembrava di ascoltare un comizio della Schlein, si affacciava il papa e prendeva le sembianze di un Fratoianni qualsiasi, sentivi citare le sacre scritture ed era come leggere il programma del Pd alle elezioni. L'Onnipotente era diventato, all'improvviso, l'alleato degli extracomunitari, visti solo come angeli portatori di progresso. Una volta il papa disse: «I migranti sono maestri di speranza, anche quando trovano porte chiuse non si arrendono». Solo che quando bussano in Vaticano, le porte non solo le trovano chiuse, ma sbarrate, sigillate e ben protette: da lì non si passa. Puoi sbraitare, puoi inginocchiarti davanti ai portoni antichi, puoi anche implorare in tutti i modi possibili, ma troverai uomini e guardie inflessibili, implacabili. Quanta ipocrisia. Predicano l'accoglienza, ma non a casa loro. Nel dicembre del 2024, la Santa Sede ha «difeso» con un decreto le sue frontiere, i suoi confini; ha stabilito una pena da uno a quattro anni e la multa da diecimila a venticinquemila euro per «chiunque fa ingresso nel territorio dello Stato della Città del Vaticano con violenza, minaccia o inganno». Testuale: «si considera verificatosi con inganno l'ingresso avvenuto con elusione fraudolenta dei sistemi di sicurezza e di protezione dello Stato ovvero sottraendosi ai controlli di frontiera». Se ci pensate bene, è esattamente quello che fanno i migranti illegali quando arrivano a piedi dalla rotta balcanica, e anche quelli che si imbarcano dalla Tunisia e dalla Libia presentandosi senza permesso e spesso senza alcun documento sulle coste italiane, per di più dopo avere pagato i trafficanti. Un articolo del decreto prevede addirittura «l'arresto di chiunque è colto in flagranza di reato»: gli uomini del pontefice possono ammanettare chiunque cerca di introdursi illegalmente nella piccola Città vaticana. Insomma, mentre il papa li difende a oltranza predicando la politica delle porte aperte, norme alla mano, se un migrante cercasse di entrare nello Stato del Vaticano, rischierebbe grosso, molto di più di quanto non succeda in altri Paesi. Ricapitolando: in Italia si può entrare in modo clandestino, aggirando la legge, in quanto dobbiamo essere cristiani. In Vaticano, anziché porgere la mano e la guancia, porgono le manette. A seguire i signori in tonaca, il nostro Paese dovrebbe farsi carico di tutti i clandestini che partono dall'Africa, dall'Asia o da non so quale altro continente, purché si fermino sul Lungotevere, nel quartiere Prati, a Roma, senza osare avvicinarsi alle porte d'ingresso dello Stato Pontificio. E poi ci fanno pure la lezioncina di umanità.

Sinistra e migranti, l'attrazione fatale

C'è un'anomalia, tutta italiana, nel rapporto tra la sinistra e i migranti. Il nostro Paese, infatti, è l'unico in cui i leader progressisti non solo accettano che gli stranieri raggiungano in qualunque modo, anche i più disperati, le nostre coste o i nostri confini, ma quasi li incoraggiano a farlo. Già, perché se allarghiamo un po' il campo e guardiamo all'America di Joe Biden – il presidente accettabile, non il puzzone Donald Trump – notiamo alcune cose molto interessanti, e soprattutto viene a galla tutta l'ipocrisia dei sinistri italiani.

Giugno 2024: Biden firma un ordine esecutivo con l'obiettivo di tagliare le richieste di asilo che possono essere esaminate al confine con il Messico. Il motivo è presto detto: meno richieste, meno ingressi, meno stranieri in casa. Commentò *Avvenire*, il quotidiano della Conferenza episcopale italiana, quella in prima fila nell'accoglienza: «La più grande espulsione di migranti dagli Usa è già avvenuta, nell'ultimo anno, sotto la presidenza del democratico Joe Biden. Un rapporto dell'Immigration and Customs Enforcement rende noto che quello che sta per chiudersi è stato l'anno con il maggior numero di espulsioni nell'ultimo decennio: fra ottobre 2023 e settembre 2024, sono stati fatti uscire dal territorio statunitense 270mila stranieri entrati illegalmente». Numeri che farebbero venire delle erezioni ai militanti di Remigration, il movimento di estrema destra contestato perché non vuole troppi immigrati in Europa. Questi «democratici» sono davvero cinici, non guardano in faccia a nessuno. Biden però non è stato il primo a fare un simile «repulisti», ma è arrivato dopo un personaggio considerato il volto buono per eccellenza. Fu Barack Obama, durante il suo primo mandato, a mettere in atto espulsioni di massa: due milioni e novecentomila in quattro anni e poco meno di 1,9 milioni nel secondo quadriennio. Ma avviciniamoci all'Italia, poco fuori i nostri confini, al di là delle Alpi, nella Francia di Emmanuel Macron. Quello che apre agli immigrati, ma solo in casa altrui. Per anni, *monsieur* Macron ha attuato una politica di «respingimenti sistematici» contro gli stranieri. In pratica, dopo essere sbarcati in Italia, i migranti raggiungevano Ventimiglia e da lì provavano a entrare in Francia. Senza alcun successo, vista la presenza costante e attiva della *gendarmerie*, che li prendeva e li riportava a calci nel nostro Paese. Una *déportation* in piena regola. Sia chiaro, per me faceva benissimo. Però c'è voluta una sentenza della Corte di Giustizia europea per obbligare Macron a cambiare strategia e accettare, almeno in parte, l'arrivo di stranieri. Parigi, com'è noto, chiama Berlino. Perché l'asse franco-tedesco vale anche per gli immigrati. Ricordiamo tutti Angela Merkel mentre accoglieva i siriani in fuga dalla guerra e i volontari con i loro cartelli colorati con la scritta «Refugees welcome». Bene, bravi, bis. Peccato che poi la cancelliera tedesca sceglieva solo il meglio. Si prendeva i laureati e, soprattutto, gli ingegneri. Qualche anno dopo, però, la Germania si è svegliata in un vero e proprio incubo. Perché aprire le frontiere è sempre rischioso.

Perché non sai mai chi ti entra in casa. E così, nel Paese sono aumentati anche gli atti di violenza e gli attacchi terroristici. E allora è cominciata la stretta sugli immigrati, prima con il socialista Scholz, poi con il democristiano Merz, che inasprisce ancora di più le regole: «Abbiamo permesso un'immigrazione troppo incontrollata e un'immigrazione troppo poco qualificata nel nostro mercato del lavoro e, soprattutto, nei nostri sistemi di sicurezza sociale... Stiamo mettendo ordine sulla migrazione: con più restrizioni, più respingimenti, più controlli e più rimpatri». Parole uguali uguali a quelle utilizzate in Italia dalla destra. E la stessa cosa avviene con il leader laburista britannico Keir Starmer, che ha puntato molto sulla sicurezza. Nel maggio del 2025, infatti, è stato presentato il nuovo piano britannico per «riprendere il controllo delle frontiere». Basta leggere cosa scrive il premier di Londra sui social ufficiali per capire di che si tratta: «I criminali stranieri non hanno alcun diritto di stare in Gran Bretagna, da luglio abbiamo già cacciato 24mila irregolari». Poi un appello: «Se sei uno dei trafficanti che mettono le persone su piccole imbarcazioni attraverso la Manica, sappi che ti stiamo dando la caccia». Proprio così: in Italia, lo dicesse la Meloni, verrebbe accusata di estremismo e di fascismo. Ancora Starmer: «Proteggerò le coste britanniche e renderò sicuri i nostri confini, bisogna scoraggiare, individuare e rimpatriare i migranti illegali». Una roba che potrebbe dire persino il generale Vannacci. Poi si rivolge direttamente al cittadino: «So che siete arrabbiati per l'immigrazione. Ho capito. Ricordate le mie parole: riprenderò il controllo dei nostri confini e questo significa chiudere i centri di accoglienza, fermare la traversata delle piccole imbarcazioni; elimineremo alla radice le bande di trafficanti di esseri umani». Manco fosse il Borghezio dei tempi d'oro. Invece è un leader di sinistra. Non solo. Il premier laburista ha infatti deciso che bisognerà passare dieci anni nel Paese (oggi ne sono necessari cinque) per chiedere la residenza permanente o la cittadinanza britannica. A eccezione di medici, infermieri, ingegneri e dirigenti nel settore dell'intelligenza artificiale. Giusto, no? E poi niente badanti straniere, livello di conoscenza dell'inglese rafforzato, visti di lavoro più difficili da ottenere e hub per migranti all'estero sul modello proposto da Giorgia Meloni in Albania. In sostanza: mentre i progressisti italiani vanno a braccetto con i migranti irregolari e ne sono fatalmente attratti, all'estero se ne sbattono di destra, sinistra, accoglienza e papi vari.

Vuoi essere accolto? Dichiarati gay

L'Italia è l'unico Paese al mondo nel quale la sinistra fa il tifo per la magistratura che accoglie i migranti per i motivi più incredibili e fantasiosi. L'accoglienza dei clandestini, che loro chiamano «risorse» o «cercatori di felicità», viene prima di qualsiasi altra considerazione: chiunque si avvicini ai confini italiani va ricevuto, assistito e regolarizzato. Invece della falce e martello, hanno messo come simbolo il couscous. Filippo Facci, nel suo *Dizionario politicamente (s)corretto*, ha fatto notare che una volta si chiamava ospitalità, invece adesso la correttezza verbale del buonismo impone di esprimersi in modo diverso; non sono più ospiti ma indispensabili per fare figli e pagare le nostre pensioni. Che è ovviamente una baggianata, ma viene spacciata per verità incontrovertibile dalla solita cupola dell'informazione mainstream. Dal 2011 al 2024, i migranti arrivati in Italia (scrive sempre Facci) hanno superato il milione, e gli scafisti ringraziano; le Ong ne hanno portati oltre duecentomila, la maggior parte dei quali non arriva da zone di guerra ma cerca un Eldorado, una terra promessa. Per ammetterli sul suolo italiano e fornire ai nuovi arrivati la protezione umanitaria, i giudici si sono inventati qualsiasi cosa, pure il cambiamento climatico. Ma se il permesso per il clima è uno dei jolly, la carta decisiva per entrare in Italia è quella di dichiararsi gay. Ormai, centri di accoglienza, associazioni e avvocati che si occupano di immigrazione non ne fanno mistero: se ti giochi questo asso, hai buone probabilità di vincere. I casi sono moltissimi. Già nel 2019 la Cassazione ha accolto il ricorso di un cittadino della Costa d'Avorio, il quale sarebbe stato minacciato dai parenti. Bakayoko Aboubakar S., questo il nome del migrante, aveva raccontato che era di religione musulmana, coniugato con due figli, ed era diventato oggetto «di disprezzo e accuse da parte di sua moglie e di suo padre», l'imam del villaggio, «dopo aver intrattenuto una relazione omosessuale». Il suo compagno sarebbe stato addirittura ucciso, forse a opera del padre. Ora, per carità, la storia potrebbe anche essere vera: ma come minchia fanno quattro signori togati nel nostro Paese a fare chiarezza? Come fanno ad accertarsi se Bakayoko racconta la verità o fa il furbo? Se non riusciamo a risolvere dopo vent'anni un omicidio commesso a Garlasco, possiamo pensare di trovare il colpevole del giallo ivoriano? Eppure, prima l'africano viene bocciato perché «in Costa d'Avorio al contrario di altri Stati africani, l'omosessualità non è considerata un reato, né lo Stato presenta una condizione di conflitto armato o violenza diffusa», poi fa ricorso e resta in Italia, perché le autorità locali devono proteggerlo dalle presunte «persecuzioni» dei familiari. Il Paese di Pulcinella. Ma, ancora più clamorosa, è la vicenda di un tunisino irregolare, pregiudicato e con una sfilza di segnalazioni e denunce. Bene, quando stava per essere espulso, nell'estate del 2024, ecco la via di fuga: dichiara di essere omosessuale e, scrive il *Corriere della Sera*, «sulla base di un presupposto rischio per la sua incolumità se avesse fatto ritorno in patria, il giudice di pace in buona sostanza lo ha graziato». Niente espulsione, ma permanenza in Italia: annullato il decreto del prefetto di Treviso. E lui ha continuato a commettere reati: sempre col patentino Lgbtq in mano, ovviamente. A un ragazzo del Gambia abbiamo addirittura dovuto pagare le spese legali perché la sua richiesta, all'inizio, era stata bocciata: sosteneva di avere avuto tre rapporti sessuali con un collega quando faceva il saldatore, ed era scappato quando l'amante era stato arrestato. Avete capito bene. Tutto surreale. Ma nell'Italia dei tribunali tutto è possibile, e dunque il saldatore omosex, alla fine, ottiene lo status di rifugiato perché il suo racconto è «compatibile» con la situazione nel suo Paese. Amen.

Abbiamo subito negli ultimi vent'anni un vero e proprio lavaggio del cervello: o ti adegui a tutto questo, oppure sei considerato disumano. Ma chi non vuole l'arrivo indiscriminato di frotte di immigrati di cui non conosciamo nulla non è disumano, non è razzista, non è fascista. Semplicemente, non vuole il caos. La sinistra se ne faccia una ragione.

I migranti risarciti

In quale Paese del globo terracqueo un gruppo di migranti bloccato ai confini dalle autorità e poi successivamente fatto sbarcare in un porto si rivolge all'autorità giudiziaria per essere risarcito per i giorni di attesa? Ma l'Italia, è naturale. Un caso unico in tutto il pianeta. Ricordate il caso Diciotti? Vi rinfresco la memoria: la *Diciotti* era la nave della Guardia

Costiera che, poco dopo la metà di agosto del 2018, prima salva la vita a circa centottanta naufraghi, poi non li fa sbarcare subito su ordine dell'allora ministro dell'Interno Matteo Salvini. Alla fine approderanno in Italia con un «ritardo», chiamiamolo così, di nove giorni. Stiamo parlando di nove giorni, passati a bordo di una nave dello Stato, con tanto di assistenza medica e di cibo, non di un battello negriero con le persone messe in catene nelle stive e sfamate a pane e acqua. Ebbene, alcuni di questi immigrati, una volta giunti in Italia, come ringraziamento dell'accoglienza ricevuta, volete sapere cosa fanno? Portano lo Stato in tribunale per i danni che avrebbero subito a causa della privazione della libertà sofferta in quei giorni di fine agosto. Il mondo al contrario. Cioè, noi salviamo degli esseri umani che stanno per schiattare per colpa di viaggi estremi pagati migliaia di euro a trafficanti di esseri umani, e questi che fanno? Vogliono essere indennizzati per il fatto che li facciamo aspettare fuori dalla nostra porta per qualche giorno. Siamo al paradosso, soprattutto perché la vicenda nei tribunali va avanti per anni, con evidente spreco di risorse, tempo e denaro: lo Stato con i suoi avvocati, e, dall'altra parte, prima quarantuno eritrei che si sono sentiti moralmente danneggiati, poi solo uno che arriva sino alla Cassazione, la quale, alla fine, lo premia. Deve essere risarcito, e forse a ruota anche tutti gli altri, in un'interminabile sequela di carte bollate e ricorsi. Non so quanti soldi prenderà il ragazzo che ha vinto la battaglia legale, ma di certo è stato affermato un principio folle: sbarcare in Italia è un diritto, un diritto per il quale vieni anche pagato se per caso non ti stendono immediatamente i tappeti rossi; se i confini non vengono subito spalancati, ecco che parte il tassametro a carico nostro. Qui il buonismo italico non ha limiti, si esprime ai massimi livelli: mentre i cittadini onesti devono fare salti mortali per ottenere qualcosa, i tribunali stabiliscono che se arrivi in maniera illegale sul nostro suolo non solo devi essere accolto a braccia aperte, ma anche ripagato se ti dichiari vittima di un trattamento ingiusto. Pazzesco, ma non troppo, a pensarci bene: facile che dietro l'iniziativa degli africani ci sia lo zampino di qualcun altro. Per esempio di quelle associazioni, di quei gruppi di avvocati che da tempo lavorano a tempo pieno con l'immigrazione, diventata fonte di enorme business. Niente di illegale, per carità. Ma il fenomeno ormai è esteso: anche perché a pagare le parcelle è quasi sempre lo Stato, grazie al «gratuito patrocinio» riservato ai non abbienti. Ci sono ormai degli avvocati «specializzati» in migranti, con parcelle a carico degli italiani a ogni grado di giudizio. E questo, scrive Luca Fazzo del *Giornale*, «innesca una macchina continua di ricorsi anche in casi senza speranza di successo». Tanto, chissenefrega, paga Pantalone, cioè noi.

Tornando al caso Diciotti, cosa rimane di quella vicenda? Che gli immigrati illegali, i quali hanno cercato senza permesso di entrare nel nostro Paese, saranno risarciti con i denari dei contribuenti italiani. Una follia, ovviamente accompagnata dall'applauso e dall'entusiasmo della sinistra e delle Ong. Un Paese finito, morto.

Ma quale deportazione

I leader di destra fanno cazzate? Ma certo che ne fanno. Fanno propaganda anche con l'immigrazione clandestina? Eccome, a piene mani. Spesso i proclami sui migranti sono solo spot elettorali? Assolutamente sì, nessuno lo mette in discussione. Ma è la politica, bellezza, e tu non puoi farci niente. Mi fanno ridere i sepolcri imbiancati che la mattina si svegliano e dicono: ma questi sono solo slogan, sono solo chiacchiere. Perché, scusate, anime belle, le competizioni elettorali come si vincono? Con la tanto proclamata serietà e competenza? Ma fatemi il piacere… A che titolo vengono assunti da tutti i leader politici, di destra e di sinistra, senza alcuna distinzione, gli strateghi della comunicazione? Per spiegarti come funziona la busta paga o per farti sognare, per farti innamorare, per spingerti ad andare al seggio? Dai, non fate i finti tonti, gli sprovveduti. Se non smuovi la pancia della gente, non vai da nessuna parte; se non fai incazzare le persone, queste ultime non ti seguono e restano a casa. Quando governava Berlusconi – e pure adesso i suoi successori –, la sinistra ogni santissimo giorno ci frantumava i coglioni col pericolo del Cavaliere nero, brutto, sporco, cattivo, mafioso, corrotto e pure maniaco sessuale. Silvio era evocato a ogni piè sospinto, spesso come un criminale, al solo scopo di conservare o di riconquistare il potere, esclusivamente per tale obiettivo; che però veniva ammantato, com'è tradizione dei sinistri, da nobili scopi, cioè la liberazione dell'Italia in nome della giustizia e del progresso avverso alla barbarie: slogan, appunto. Con i migranti funziona allo stesso modo: la sinistra, che nel recente passato ha agito esattamente come la destra, si presenta con le stimmate della bontà e dell'accoglienza contro fascisti e razzisti che, invece, odiano gli stranieri. Prendiamo per esempio l'operazione Albania ideata dal governo Meloni. Avete presente il centro costruito in quel Paese, in cui spedire gli irregolari che non hanno i requisiti necessari per il riconoscimento della protezione umanitaria? Irregolari che poi, dall'Albania, dovrebbero essere espulsi e riconsegnati alle loro nazioni d'origine? Ecco, apriti cielo. Da quando quell'operazione si è messa in moto (con errori e improvvisazioni, per carità), tutto il mondo progressista si è indignato, descrivendo i centri albanesi come dei campi di concentramento nazisti, dove i poveri immigrati verrebbero infilati, torturati e magari fatti sparire. Proprio di «centri di detenzione che rievocano i campi di concentramento nazisti» parla Mimmo

Lucano, l'ex sindaco di Riace eletto in Europa. Avete capito bene: dice proprio «nazisti»; come se gli sgherri della Meloni, frustino alla mano, riempissero i vagoni di africani per motivi razziali e li portassero a farli gasare in Albania. E il bello è che non si vergognano a utilizzare certe espressioni, anzi, pensano di essere democratici e giusti. Ricordo Cecilia Strada, figlia di Gino e adesso europarlamentare del Pd, la quale si era appostata come un falco davanti all'ingresso del centro albanese per poi esplodere: «Neanche gli animali sono trattati in questo modo... Sono scesi ammanettati dalle navi». Che poi erano delle semplici fascette da mettere ai polsi, per evitare atti di autolesionismo e facilitare l'identificazione. Ma niente, loro sono la civiltà, a destra ci sono solo aguzzini. Quando «nella storia l'efficienza tecnica è stata posta al servizio della repressione della vita umana, i risultati sono stati i più nefasti» attacca invece Ilaria Salis di Alleanza Verdi e Sinistra, con un accenno neppure troppo velato alle pratiche dei regimi dittatoriali. La parola più gettonata è ovviamente «deportazione», la usano la Schlein e pure Giuseppe Conte, che non vuole essere da meno: «deportazione» è una specie di passepartout per essere accolti nei salotti buoni radical chic; se non la pronunci, sei tagliato fuori, non sei ammesso in società, non ti fanno neppure sedere a tavola. Sempre la Salis non si risparmia, parla di lager, di razzismo e di colonie detentive come fossimo nel Sudafrica dell'apartheid. A darle manforte pure Ilaria Cucchi, che dagli scranni del Senato vede «solo razzismo e barbarie». Ma l'unica barbarie è lasciare le cose come stanno, rimanendo immobili, favorendo così i traffici dei mercanti di esseri umani e alimentando le false speranze degli immigrati di trovare un Eldorado in Europa. Anche perché, cifre alla mano, spesso chi arriva in Italia non avrebbe nemmeno il diritto di restarci. Secondo il direttore centrale dell'immigrazione e della Polizia delle frontiere, Claudio Galzerano, più del novanta per cento delle domande di asilo effettuate sono pretestuose e senza fondamento. Invece noi li paghiamo. E ci chiedono pure i danni se li abbiamo fatti aspettare troppo.

L'ipocrisia sulla droga

I vizi non sono crimini

I vizi non sono crimini. Questa frase, che sembra quasi proverbiale, è il titolo di un bel libro e, allo stesso tempo, dovrebbe diventare lo slogan di tutti quelli per cui la libertà individuale significa ancora qualcosa. I vizi non sono altro che i modi in cui ciascuno liberamente cerca la propria porzione di felicità, la propria soddisfazione nel piacere, facendo magari del danno a sé stesso ma senza causarne ad altri. Questa è la distinzione rispetto a un crimine. Quando io faccio qualcosa che mi interessa o che mi piace fare, o che mi fa godere, ma lo faccio danneggiando un'altra persona, be', ecco, quello è un crimine. La distinzione è davvero molto semplice, tuttavia, spesso, i nostri politici, tanto di destra, quanto di sinistra, se ne dimenticano completamente. La cifra del moralismo stupido e grossolano spesso la fa da padrone in politica, porta consenso, è facile da ridurre a slogan e quindi, per carità, è comprensibile per guadagnare voti. Siccome però a me interessa innanzitutto la libertà, dico che non solo la sovrapposizione tra vizio e crimine è una sonora cazzata, ma penso che questa sovrapposizione sia una specie di delitto statale contro la libertà di ciascun individuo di fare della propria vita ciò che gli pare (ovviamente senza mai impedire agli altri di fare lo stesso).

Qualche tempo fa, nelle mie infinite tappe in giro per l'Italia, sono stato a Macerata. Questa bella città marchigiana è conosciuta sostanzialmente per due motivi, per chi vuole fare il colto: perché c'è una bellissima arena per la lirica che si chiama Sferisterio, e perché uno scrittore italiano degli anni Sessanta, Ennio Flaiano, la prendeva come emblema per eccellenza dell'Italia di provincia, dicendo: «E pensare che c'è un sacco di gente che vive e lavora pure a Macerata». Sono stato invitato dall'amministrazione di centrodestra per parlare del mio precedente libro, *Via Crux*: ho avuto una bella accoglienza, il teatro era strapieno e, tra le altre cose di cui ho parlato, ce ne sono due in particolare che hanno suscitato lo sdegno, la riprovazione, l'orrore e lo scandalo dell'opposizione *de sinistra*. La prima cosa riguarda la droga, per la quale sono favorevolissimo a una totale liberalizzazione (di fatto è già «libera», nel senso che chiunque, in qualsiasi momento, può procurarsi praticamente ogni tipo di droga), aggiungendo che se la gente ne fa uso è perché evidentemente piace, è buona, altrimenti non si «farebbero»: una cosa talmente ovvia che quasi mi vergogno di ripetere, non perché non sia vera, ma perché è banale. L'altra questione per cui sono stato messo al rogo dai progressisti locali è che secondo me gli hater sono un falso problema. In sintesi: se online non vuoi leggere i commenti di chi ti insulta, chiudi il computer e non rompere i coglioni. Ecco cos'ho detto, più o meno. Non delle novità assolute per me, lo sa bene chi ascolta tutte le sante sere *La Zanzara*. E, invece, alcuni consiglieri del Comune hanno pensato bene di dedicare al sottoscritto più di un'ora di un consiglio comunale. Il motivo? Rompere le balle alla destra (legittimo, figuriamoci) per avere invitato un losco figuro come Cruciani che, secondo loro, fa l'elogio degli stupefacenti e dice che gli odiatori non esistono e vanno ignorati. Ma questi sanno cos'è una sana discussione? Conoscono le regole basilari della democrazia, che è confronto con le idee, anche quelle più lontane dalle proprie, persino con quelle più estreme?

Ma lasciamo perdere ciò che è accaduto a Macerata, che giustamente non interessa il lettore. Stendiamo un velo pietoso. Andiamo alla sostanza, anzi, alle sostanze. Tutta la destra, da Meloni a Salvini in giù, ha assunto nei confronti della questione droga un atteggiamento spaventosamente proibizionistico, da nuova caccia alle streghe, roba che non si è vista neanche nell'America puritana degli anni Venti, quando si decise che non bisognava più bere neppure un goccio di alcol! Bisognava moralizzare il Paese, dicevano: per la cronaca, finì malissimo. Questa posizione è ipocrita, tanto più se viene da chi a parole mette la libertà individuale e la difesa delle attività economiche al centro della propria agenda. Bisogna dirlo: il provvedimento che dichiara sostanzialmente fuorilegge il settore della cannabis light, che fattura mezzo miliardo l'anno e dà lavoro a trentamila persone, è una follia totale. Sono piccoli imprenditori che, rispettando la legge, avevano aperto delle attività che vanno protette, non combattute. Prima lo Stato li autorizza, poi li ostacola: ma andate a cagare. E da chi viene questa roba? Da chi è a favore della libera iniziativa, da chi, ogni giorno, ci fa una testa così con le imprese e i giovani. Da un giorno all'altro, chi guadagna con la canapa è costretto a battere in ritirata, e questo nonostante sia ampiamente dimostrato che il cannabidiolo (Cbd), una delle principali componenti della cannabis, non possa essere considerato stupefacente: è una sostanza sicura, che non crea dipendenza e danni alla salute. Inoltre, la cannabis light ha un livello molto basso di Thc, il componente psicoattivo della marijuana. Insomma, se le forze dell'ordine trovassero in un negozio certe infiorescenze che prima erano regolarmente vendute, potrebbero denunciare il commerciante, che rischia fino a vent'anni di carcere come fosse un narcotrafficante. Siamo all'incredibile: secondo Salvini e altri del centrodestra, le canne light, chiamiamole così, sono un incentivo all'uso di altre droghe. Una cazzata spaventosa da

Stato etico: punire i vizi dei singoli cittadini, quando sono ritenuti pericolosi per la società. Altro che libertà, questo è un principio totalitario.

La guerra alla droga è inutile

Non mi sono mai fatto una canna in vita mia e non ho mai pippato nemmeno una striscia di bamba. Perché? Probabilmente per paura di rimanerci sotto, non ho mai neppure messo una sigaretta in bocca, ma solo perché l'oggetto non mi piace al tatto, anzi, mi repelle, soprattutto il filtro. Non mi sono mai alterato con le sostanze, mai un tiro di maria (quando me la passavano da ragazzo, per non essere da meno degli altri, facevo finta di aspirare, ma in realtà non inalavo un bel niente). Ho sempre fatto atletica, mi sono messo a correre prima in pista e poi per strada con lunghe distanze: volevo preservarmi, allora niente vizi. Di cocaina ne ho vista circolare tantissima intorno a me, c'era un periodo in cui vivevo in casa con un amico che ne faceva un uso smodato; ma non ne sono mai stato attratto, ripeto, soprattutto per timore di entrare nel buco nero della dipendenza. Sarei stato vorace: non mi sono fatto fregare. E poi sono talmente su di giri in modo naturale, che probabilmente, appena mi incrocia, la coca scappa, fugge via. Perché ho fatto questa premessa? Perché, nonostante quello che vi ho detto, difendo il diritto di ciascuno di fare del proprio corpo quello che vuole. Come per l'eutanasia, come per l'aborto, come per il vaccino, il discorso non cambia: se vogliamo devastare il nostro organismo assumendo sostanze stupefacenti, abbiamo in qualche modo la facoltà e il diritto di farlo, accollandoci le responsabilità se i nostri comportamenti poi creano un danno a un'altra persona. E anche se qualcuno proibisse e sanzionasse l'uso della droga, finirebbe per essere un provvedimento vuoto e inapplicabile, per la semplice ragione che ho cercato di spiegare anche in quell'incontro a Macerata. Perché, nonostante tutte le campagne, tutto l'allarme sociale che imperversa, siamo sempre in emergenza? Perché le droghe continuano a essere consumate sempre di più, e da persone sempre più giovani? Per un motivo molto banale, che sconfigge qualsiasi repressione: perché la droga è drammaticamente buona, piace, le sostanze creano, provvisoriamente e pericolosamente, felicità, benessere. Questo è, non giriamoci intorno. Per quale motivo al mondo la bamba viene consumata dai ricchi e dai poveri, dai manager e dagli immigrati, dagli artisti e dagli operai, da chi guadagna milioni e da chi ha uno stipendio da mille euro? Perché procura gioia, per usare un termine soft. È terribile, ma vero. E con questo bisogna fare i conti. Negare tale verità non cambia di un millimetro la situazione, anzi, la peggiora. Per questo sostengo che la guerra alla droga è inutile. Capisco che bisogna farla, che lo Stato non può lasciare mano libera agli spacciatori, ma pensateci bene: non cambia assolutamente niente, al contrario, circolano sempre più droghe e i ragazzi si fanno sempre di più. La Polizia arresta uno spacciatore? Bene, al posto suo ce ne sono già altri due, tre: il guadagno è talmente importante che si trovano migliaia di esseri umani pronti a rischiare. Dove prospera la domanda, il prodotto alla fine arriva: questa è la regola. In fin dei conti, è brutto dirlo, chi smercia droga al dettaglio è semplicemente un intermediario tra il cliente finale e il grande spacciatore, che a sua volta è intermediario di un'altra piazza, e così via fino alla fonte. Si può fermare questa catena? No, è impossibile.

Invece noi riempiamo le celle, che sono strapiene di poveracci condannati per reati minori legati allo spaccio di droga. E non è che in carcere diventino più bravi: quando escono, proseguono come prima, se non peggio. So che a molti dei miei lettori di destra potrebbe fregare ben poco, ma trovo assurdo che se uno compie un piccolo reato sia sbattuto in prigioni che spesso assomigliano a gironi infernali, dove non fanno altro che imparare a delinquere ulteriormente. Vi dico solo, senza farla troppo lunga, che in Italia un detenuto su tre (uno su tre!) è in galera per reati legati agli stupefacenti. Ora, se questa è la situazione carceraria, vi rendete conto di quante forze dell'ordine sono coinvolte nell'attività di repressione? Significa un enorme dispendio di denaro e agenti impiegati per bloccare un fenomeno che, se fosse trattato in maniera non moralistica, sarebbe forse più controllabile e arginabile. Penso che se il commercio di bamba non fosse criminalizzato, lo Stato avrebbe più risorse da destinare a molti altri settori; i tribunali non sarebbero «sequestrati» da un'infinità di procedimenti legati alla droga e tutti gli altri processi avrebbero uno svolgimento più rapido, con grande beneficio per l'intero sistema economico. La droga fa male? Sì, certo, può essere micidiale, come tutti gli abusi e gli eccessi. Ma fare la guerra, finora, non ha prodotto nulla.

La droga è già libera

Se oggi io avessi bisogno di procurarmi un po' di droga, e parlo di qualsiasi sostanza, dall'eroina al fumo, passando per pasticche varie, non avrei alcun problema. La droga si acquista via telefono, te la portano a casa, e pure per strada trovi facilmente qualcuno che soddisfa il tuo bisogno. Eppure, lo spaccio è un reato e viene severamente punito dal nostro codice. Vi siete mai chiesti il motivo? Vi siete mai domandati perché, nonostante il fatto che puoi andare in galera se ti trovano in possesso di certe quantità, ci sono decine di migliaia di persone, forse centinaia di migliaia, che campano con lo smercio di bamba e affini? La verità è che si cerca di estirpare qualcosa che non è estirpabile: nonostante sia stata proibita in tutti i modi possibili e immaginabili, il mercato è più fiorente che mai. Prendiamo l'Europa: tutti gli indicatori mostrano un costante aumento del consumo negli ultimi vent'anni; il più grande studio delle acque reflue ha rilevato una crescita di Mdma (ecstasy), cocaina e anfetamine in centoventotto città di ventisei Paesi diversi; secondo l'Agenzia dell'Unione europea per le droghe «non abbiamo mai avuto così tante droghe disponibili o prodotte sul territorio dell'Unione europea», con ventidue milioni di persone che hanno fatto uso di cannabis nel 2024, quattro milioni che hanno utilizzato la bamba e quasi tre milioni che hanno assunto Mdma; *La droga sempre più giovane: quattro studenti su dieci la provano*, titola *Il Sole 24 Ore* nel giugno del 2024. Potrei annoiarvi con pagine e pagine di dati, ma la solfa non cambia: dove c'è proibizione, come per magia la diffusione e il consumo non fanno che aumentare. D'altra parte, basti pensare al colossale fallimento del proibizionismo americano, come già detto, che non solo fu cancellato perché era totalmente ingestibile e irreale, ma anche perché fu proprio grazie al proibizionismo che si crearono le premesse per una formidabile espansione della criminalità organizzata negli Stati Uniti. Quando si pretende di reprimere qualcosa per cui c'è un'enorme domanda, non c'è modo di riuscirci. Si creerà inevitabilmente un mercato nero. Lo Stato sprecherà enormi risorse per farlo, fallendo costantemente. Anche perché la droga procura enormi guadagni, e per uno spacciatore o un narcotrafficante arrestato ce ne saranno altrettanti già pronti a subentrare. Volete sapere quanto rende la coca? Si parte da una foglia che al contadino viene pagata in media un euro al chilo, poi si passa a una pasta base pagata alla produzione circa settecentocinquanta euro al chilo, mentre la coca raffinata vale più o meno millenovecento euro al chilo. Il cartello vende poi un chilo di «roba» ai trafficanti europei a quindicimila euro circa, e il prezzo continua a salire nei vari passaggi di mano. La mafia nostrana la paga trentacinquemila euro al chilo; arriviamo, così, a una dose di 0,5 grammi, già tagliata, che viene venduta a circa quaranta euro. Facendo un rapido calcolo, da un chilo si ricavano ottomila dosi, quindi il ricavo è di più di trecentomila euro al chilo. Cifre e margini spaventosi, dunque un commercio che non si può fermare: migliaia di persone sono disposte a rischiare il carcere per questi profitti.

Perché allora si continua con la repressione? Semplice, perché è comodo per i politici strumentalizzare l'argomento. Far vedere che si danno da fare, che hanno il pugno duro, che si preoccupano per noi. La droga è un prodotto politico che si vende bene. Così come ci sono i professionisti dell'antimafia, ci sono quelli dell'antidroga: tutto un impasto di ridicolo moralismo e giustizialismo. «Per me la droga è morte, fai l'amore, non farti le canne» sentenziò una volta Matteo Salvini; mentre la Meloni, da presidente del Consiglio, ha detto che «le droghe fanno male tutte, non esistono distinzioni». In tutti i partiti di centrodestra è pieno di gente che ripete a pappagallo: la droga leggera apre la strada al consumo di quelle più dannose, che poi sono cocaina ed eroina. Una cretinata galattica. Se è vero, infatti, che quasi tutti i dipendenti dalle sostanze pesanti hanno fatto uso di canapa, forse il novanta per cento, questa sequenza temporale non basta evidentemente a dimostrare che fra i due tipi di droga esista un nesso di causalità: non è vero che le canne facilitano il passaggio alla bamba. Che poi, cosa significa? Anche gli alcolizzati hanno sicuramente iniziato con la birra: che facciamo, allora, vietiamo la vendita per evitare che qualcuno si spacchi il fegato dopo qualche anno? Sarebbe ridicolo.

Ma dovrebbero saperlo bene anche i politici: dove si proibisce, non si cancella la volontà di trasgredire o di rifornirsi di qualcosa che dà piacere, per quanto effimero, negativo e «sbagliato». Lo Stato non deve moralizzare, ma deve accertarsi che i miei comportamenti non generino disagio per chi mi sta intorno, che la mia libertà non leda la libertà degli altri. In estrema sintesi, se io sono libero di entrare in un supermercato e di acquistare una bottiglia di whisky e scolarmela a mio piacimento, perché non dovrei fare lo stesso con le sostanze stupefacenti? Poi se, dopo essermi sballato, mi metto alla guida, devo essere sanzionato nella maniera più dura.

Una volta, da radicale, pensavo che la strada migliore fosse quella della legalizzazione, cioè avere la possibilità di acquistare in un negozio marijuana, cocaina e persino eroina. Poi mi sono reso conto che in realtà lo Stato non potrà mai competere con i criminali: in questo campo finirebbe per soccombere. Immaginatevi, invece, se da domani scomparisse l'antidroga della Polizia, quella dei carabinieri e gli agenti specializzati della Guardia di Finanza: che, cioè, finisca all'improvviso la caccia agli spacciatori. Cosa accadrebbe? Il commercio sarebbe di fatto liberalizzato, senza sanzioni e processi. È un po' quello che avviene oggi con la prostituzione: io offro qualcosa che l'altro desidera, e lo Stato non interviene (però non ci guadagna). Il libero scambio tra persone consenzienti porta sempre maggiore pace sociale e maggiore ordine. Dove c'è repressione di cose che non andrebbero represse, e dove si reprime per mero moralismo, i desideri trovano sempre la loro via (illegale, e quindi generatrice di caos) per essere comunque soddisfatti!

L'ipocrisia di chi condanna OnlyFans e prostituzione

Il caso Maraga

Chi è Elena Maraga? Perché è diventata un caso simbolo dell'ipocrisia dilagante sulla prostituzione? Ve lo spiego subito. Maraga è una giovane insegnante che lavora in un asilo parrocchiale di un piccolo paese del Trevigiano, in Veneto, in quella che un tempo si sarebbe definita provincia profonda. Elena, quando scoppia il casino, ha ventinove anni ed è molto apprezzata tanto dai bambini cui insegna, quanto dai loro genitori. Ma commette un peccato mortale, una cosa che nessuno in questa Italia ancora tremendamente bigotta e ipocrita può perdonarle: decide di aprire un profilo sulla piattaforma OnlyFans.

Nulla di hard, in realtà: nei contenuti che mette a disposizione degli abbonati del suo canale c'è prevalentemente erotismo, qualche scatto, video di masturbazione, nessun rapporto penetrativo. Vale la pena specificarlo, per i più trinariciuti. Ma, come spesso avviene in questo disgraziato Paese, la mannaia per la strega è pronta, il rogo comincia a bruciare; certo, siamo in provincia, la scuola dove la ragazza opera è religiosa, ci sono le sue nudità che iniziano a correre veloci sul web, in una congiunzione che ricorda le commedie erotiche degli anni Settanta e Ottanta. A un certo punto, il Ministero dell'Istruzione annuncia la costituzione di una task-force di giuristi ed esperti, ovvero l'ennesimo, inutile tavolo di lavoro a spese dei contribuenti, per aggiornare il codice di comportamento del personale scolastico e inserirci dentro pure le piattaforme social, mentre la sinistra, per dare addosso al ministro Valditara, invoca l'aumento di stipendio per evitare di vedere processioni di insegnanti spogliarsi su OnlyFans. A cosa dovrebbe servire? A certificare col timbro dello Stato che una donna che insegna non può denudarsi su una piattaforma? Tutto ridicolo, tutto penoso.

Fra poco ci torniamo. Fatemi prima dire una cosa: ho sempre considerato OnlyFans una sorta di prostituzione digitale. Metti in mostra il tuo corpo, scopi, ti tocchi, fai scene con chi ti pare, e dall'altra parte ci sono persone disposte ad acquistare i tuoi contenuti, che puoi anche personalizzare. Vuoi parlare con me? Paghi. Vuoi un video dove calpesto una persona e la frusto? Paghi, per tutto c'è un prezzo. Con pochi limiti. Se questa non è prostituzione, non so cosa possiamo definire tale. La vendita di immagini erotiche è senza dubbio una forma di pornografia e di prostituzione, seppur virtuale. E non lo dico per criticare, anzi. Chi mi conosce, sa che sono stato tra i primi a raccontare questo fenomeno in radio e sui media, perché lo considero una sorta di ascensore sociale. Se come commessa o impiegata di un'azienda guadagni milleduecento, milletrecento euro al mese, OnlyFans ti dà adesso la possibilità di quintuplicare, decuplicare il tuo stipendio e di farti campare meglio di prima. Perché negare a una donna (o a un uomo) questa possibilità? In nome di cosa? Non c'è assolutamente nulla di male. Ribadisco un concetto molto semplice, che spesso viene dimenticato dagli ipocriti di ogni specie: se una persona adulta, consapevole, ritiene di voler vendere le immagini del proprio corpo, ebbene, questa persona non sta facendo nulla di esecrabile, nulla di violento, nulla di dannoso per la società. Compete solo a lei decidere cosa è virtuoso e cosa non lo è, cosa è degno e cosa non lo è.

Ora, nonostante c'è chi vorrebbe la sua chiusura per manifesta immoralità, OnlyFans ha conosciuto, a partire dagli anni della pandemia (2020-2021), una crescita esponenziale a livello globale, arrivando a contare oltre quattro milioni di creator, cioè quelli che, appunto, creano contenuti espliciti, per più di trecento milioni di utenti, coloro che vengono definiti «sporcaccioni» dai Parenzo di turno: gente che si masturba a guardare video, oppure si eccita a parlare con una ragazza. Il giro d'affari è di quasi sette miliardi di dollari.

Perché Elena Maraga non dovrebbe approfittarne? Dove sta scritto che un'educatrice nel suo tempo libero non può spogliarsi per i suoi fan, se continua a fare bene il suo mestiere? Perché il suo caso è così significativo? La Maraga ha studiato, si è laureata in Scienze dell'educazione, è appassionata di sport, cura nel dettaglio i muscoli del suo corpo, guadagna, a suo dire, una miseria («Con 1200 euro una giovane donna che vive da sola come me non può fare nulla… non arrivavo a pagare l'affitto»), eppure, viene prima sospesa e alla fine licenziata dalla scuola. Licenziata, avete capito bene: non ha rubato, non ha truffato, non ha molestato nessuno. Ma finché il sesso resta nascosto, allora va tutto bene. Quando se ne parla pubblicamente, cominciano i problemi: basta un solo genitore che storce il naso per compromettere la tua vita. In fondo, cosa non viene perdonato a persone come Elena? L'esibizione del corpo a scopo di lucro, che resta un tabù. «Se dagli scatti che faccio posso ricavare un guadagno tanto meglio, in un giorno prendo lo stipendio di un mese» dice lei. Ma per i bigotti, se vuoi farlo, devi rinunciare al resto, lasciare il lavoro a un altro che ne ha bisogno: insomma, dedicati alle tue schifezze, occupati dei fanti, ma lascia perdere gli infanti. Vogliamo scommettere che se l'insegnante avesse arrotondato lo stipendio sturando cessi, pulendo il culo degli anziani o dando lezioni di tennis, le reazioni sarebbero state diverse? L'oscurantismo ancora regna sovrano.

L'ipocrisia dello Stato laico

Cosa dimostra il caso Maraga? Che ancora c'è una sessuofobia dilagante nel nostro Paese e che viviamo dentro una bolla di spaventosa ipocrisia. Dovremmo infatti essere uno Stato laico che, ricordiamo, è quello che non ha una religione di Stato, non favorisce una religione rispetto ad altre, e garantisce la separazione tra potere politico e potere religioso. A volte, però, è lecito dubitarne, soprattutto quando alcune forze politiche, all'unico scopo di raccattare qualche volto, si inchinano di fronte al Vaticano e seguono le indicazioni dei cardinali.

Siamo seri: essere a favore della famiglia tradizionale, quella formata da padre, madre e figli, non ti impedisce certo di divorziare ed eventualmente di sposarti di nuovo; fa parte della vita, e solamente i cretini possono stare lì a criticare i tuoi comportamenti con il ditino alzato. Il fatto, però, che molti leader e politici del centrodestra italiano abbiano una vita familiare decisamente lontana da quelli che sono i precetti di Santa Romana Chiesa (divorzi plurimi, figli fuori dal matrimonio, famiglie allargate e relazioni omosessuali), e poi puntualmente si affannino a baciare la pantofola papale quando conviene, ecco, questo è francamente ridicolo. Insomma: fate la vita che volete, evviva, ma non rompeteci le balle con gli insegnamenti religiosi.

L'Italia è l'unico Paese al mondo dove, se un giocatore bestemmia in campo, viene squalificato, e vanno pure a rintracciare con le telecamere la sua imprecazione con il puntiglio e la protervia degli inquisitori. Così, abbiamo il paradosso che puoi dire a un tuo avversario che la madre è una puttana, ma Dio non lo puoi nemmeno sfiorare. Pura ipocrisia. Personalmente, non sopporto la bestemmia, tuttavia professo un unico credo: libera bestemmia in libero Stato; non invito nessuno a bestemmiare, non incentivo il moccolo, ma non rompo l'anima a chi lo pratica. I regolamenti pallonari prevedono invece la squalifica per «espressione blasfema» che, seguita alla lettera, dovrebbe portare alla decapitazione di una decina di giocatori a partita. E poi, chi decide cos'è un'espressione blasfema?

D'altra parte, il massimo dell'ipocrisia l'abbiamo registrato in occasione della morte di papa Bergoglio che, ricordiamo, era pur sempre il capo di uno Stato straniero. Ecco, in quei giorni di fine aprile 2025, lo Stato laico è andato letteralmente a farsi fottere: tutti sottomessi alla sottana vaticana, senza pudori. Riporto integralmente quello che è stato disposto durante un consiglio dei ministri della Repubblica italiana: «il lutto nazionale per la durata di cinque giorni, fino al giorno del funerale; l'esposizione delle bandiere a mezz'asta sugli edifici pubblici nel periodo di lutto; un minuto di raccoglimento alle ore 10.00 del giorno del funerale negli uffici e nelle scuole pubbliche di ogni ordine e grado, ove aperti, ovvero nel primo giorno di apertura dopo il funerale; per i giorni di lutto nazionale, invito a svolgere tutte le manifestazioni pubbliche in modo sobrio e consono alla circostanza; invito a differire gli eventi sportivi o di intrattenimento programmati per il giorno del funerale; designazione degli ambasciatori e dei prefetti in sede a rappresentare il governo italiano al rito cattolico liturgico di suffragio celebrato nelle loro sedi». Lo chiamano rispetto, invece è sottomissione pura. Come la follia del rinvio delle partite del campionato di calcio, annullate sia nel giorno della morte del pontefice, sia in quello dei funerali, mentre ovunque si svolgevano regolarmente concerti, i teatri rimanevano aperti e pure i cinema: siccome il gioco del calcio è il più popolare, i politici, incapaci ma capaci di tutto, per fare propaganda dovevano per forza metterci le mani sopra.

Nel corso di questi ultimi anni ne abbiamo viste di tutti i colori. Il leader leghista Matteo Salvini, a un certo punto, si è messo a fare interviste televisive con una serie di immagini mariane alle sue spalle, ma lo ricordiamo anche mentre agitava rosari invocando il «cuore immacolato di Maria» durante qualche comizio. La Lega ha perfino presentato un disegno di legge nel quale, testuale, c'è scritto quello che segue, che forse pure in Iran avrebbero qualche pudore ad applicare: «In tutte le scuole di ogni ordine e grado, nelle università e nelle accademie, negli uffici della pubblica amministrazione e degli enti locali territoriali, nelle aule nelle quali sono convocati i consigli regionali, provinciali, comunali, circoscrizionali, le comunità montane e i seggi elettorali, negli stabilimenti di detenzione e pena, negli uffici giudiziari e nei reparti delle aziende sanitarie e ospedaliere, nelle stazioni e nelle autostazioni, nei porti e negli aeroporti, nelle sedi diplomatiche e consolari italiane, e negli uffici pubblici all'estero, è fatto obbligo di esporre in luogo elevato e ben visibile l'immagine del crocifisso». L'autore di codesto papiello, che sembra una parodia di Checco Zalone, è la deputata del Carroccio Simona Bordonali, la quale prevede anche delle sanzioni per chi omette di ottemperare all'obbligo, chiunque esso sia: pubblico ufficiale, insegnante, funzionario dell'amministrazione pubblica. E già immaginiamo gli ispettori governativi sguinzagliati a verificare i trasgressori, con tanto di metro, chiodi e martello: perché, ricordiamolo, il crocifisso va messo in un luogo «elevato e ben visibile». Domanderebbe, il mio amico Luca Bizzarri, se questi ce l'hanno un amico, un consigliere, un assistente che a un certo punto dica: «Ma guarda, questa è una stronzata, meglio non scriverla, che poi fai una figura di merda». No, non ce l'hanno.

Pure i magnaccia vanno accettati

Un grande libertario americano, Walter Block, di cui vi invito a leggere il capolavoro *Difendere l'indifendi-*

bile, dimostra chiaramente come esista anche, proprio in termini di teoria economica, un mercato del sesso; la mercificazione, quando davvero libera e voluta, non ha nulla di osceno, da sempre esistono copiosa domanda e, di contro, copiosa offerta, in un continuo incontro di servizi sessuali prestati e di richieste da parte di singoli cittadini. Il sesso è una pulsione antica, basilare, necessaria. Una forma perfezionata di liberazione, di comunicazione e di scoperta di sé. Per questo la prostituta svolge pure un servizio essenziale, e alcuni Paesi non solo hanno liberalizzato o legalizzato questa attività anche quando organizzata, i famosi bordelli, ma si sono interrogati per decidere, in alcuni casi, di trasformare delle prostitute in terapiste sessuali per quelle persone a cui, per vari motivi, si pensi ai disabili fisici, il sesso potrebbe essere negato. D'altronde, il nostro stesso ordinamento giuridico, quando si confronta con la prostituzione, annega nell'ipocrisia più assoluta.

Vendere il proprio corpo, lo sanno tutti, non è illegale. In realtà, non è nemmeno legale. Un assoluto paradosso, un'attività vecchia come il mondo che viene esercitata in una sorta di invisibile cono d'ombra. Si sa che c'è, che esiste, che si esercita lungo i viali delle città e nel chiuso delle case, nei locali e sulle piattaforme digitali, ma non può emergere più di tanto.

Pur non essendo sanzionate, alcune attività che ruotano attorno a essa sono state trasformate in reato. E se non c'è dubbio che lo sfruttamento, ovvero la riduzione di una donna o di un uomo in stato di soggezione, attraverso violenza fisica o coercizione psicologica, debba essere punito, il favoreggiamento o l'induzione alla prostituzione già sono più difficili da definire. Sono entrambi figli e frutti di una stagione di arido moralismo, introdotti nel nostro ordinamento dalla famigerata Legge Merlin della fine degli anni Cinquanta, in forza della quale vennero messi al bando i bordelli.

Esatto, avete letto bene, in quest'epoca di connessioni digitali e di Elon Musk che lotta per colonizzare lo spazio, noi abbiamo delle leggi sul costume sessuale che risalgono a poco dopo la fine della guerra. Una legge del 1958, avete letto bene, 1958, porca puttana, determina quello che è giusto e quello che è sbagliato. Una follia totale, da cui non riusciamo a liberarci per insipienza, mancanza di volontà, piccoli vantaggi elettorali, paura, inerzia.

Il favoreggiamento della prostituzione è un reato semplicemente assurdo. Nei fatti, il favoreggiatore, il magnaccia, nel gergo comune, non è altro che l'agente delle prostitute. Rockstar, calciatori, attori cinematografici, persino scrittori, hanno tutti un agente che cura i loro affari, propizia contratti e fa aumentare loro il fatturato. Il «favoreggiatore» delle prostitute fa esattamente lo stesso, senza ricorrere ad alcuna forma di violenza o di convincimento forzato.

La differenza? Se sei l'agente di un trapper, guadagni e basta, se sei l'agente di una prostituta, rischi da uno a cinque anni di galera. Una pena che ad alcuni moralisti d'accatto, e soprattutto ad alcuni politici, non sembra sufficiente. C'è da temere questa politica di uno Stato guardone e inquisitore che vuole venire a punirti addirittura nella tua camera da letto. Persino Davide Lacerenza, il gestore della fu Gintoneria di via Napo Torriani e protagonista di un clamoroso caso di cronaca, avrebbe potuto trasformare le sue telefonate ad alcune escort, per farle arrivare nel suo locale pieno di gente disposta a spendere per champagne e altro, in una legittima attività di intermediazione: io ti faccio avere sul posto o a casa tua una prostituta che conosco, e in cambio mi riconosci un premio o una percentuale. Non si capisce perché sia consentito reclutare decine di giovani calciatori in Africa e poi proporli alle società di calcio più ricche d'Europa (faccio solo un esempio, non si scaldi nessuno), e invece sia vietato avere una scuderia di mignotte da offrire al migliore offerente: i primi offrono prestazioni sportive, le seconde prestazioni sessuali. Pura ipocrisia.

Maiorino, la nuova moralizzatrice

La parlamentare Alessandra Maiorino, dei 5 Stelle, ha voluto aggiungere il proprio nome alla lista di politici (tutti di sinistra) che nel corso degli anni si sono affannati nel tentativo di inasprire le sanzioni nei confronti dei puttanieri allo scopo di cancellare la prostituzione. Un fenomeno che mai nessuna civiltà è riuscita ad abolire, per motivazioni abbastanza evidenti, visto che il sesso, come dicevamo, è un bisogno elementare e primario degli umani. È bene essere chiari su questo punto: in nome del riscatto della donna, con la scusa di affermare nobili principi, vi propongono una società basata sul controllo e sulla paura. E sulla negazione della libertà di ogni individuo di autodeterminarsi e scegliere la propria strada.

Il modello proposto dalla Maiorino è infatti quello neoabolizionista e criminalizzante che va a colpire in maniera draconiana direttamente i clienti. Un modello che è stato adottato in alcuni Paesi del Nord Europa, come la Svezia, e che, al contrario di quanto asserisce la Maiorino, non solo non ha contribuito a risolvere nulla, ma, anzi, ha peggiorato la situazione, facendo inabissare il fenomeno della prostituzione nell'oscurità.

La parola d'ordine della nuova Giovanna d'Arco pentastellata è punire: va punito il cliente, anche con il carcere, in caso di recidiva (la recidiva!), perché «la domanda è il motore della tratta, della riduzione in schiavitù e della coercizione». E dunque, secondo il genio, spaventando i maschi maiali, ecco che il gioco è fatto: il mare si svuota, spariscono magnaccia ed escort, il mondo è più bello, la dignità è salva. Facile, no? Come non averci pensato prima?

Ovviamente, per arrivare a questa sorta di mondo orwelliano, c'è bisogno di una profonda rieducazione dell'essere umano corrotto, e dunque «finché ci sarà anche un solo uomo convinto di avere il diritto di pagare per avere accesso al corpo di una donna, la parità di genere rimarrà un miraggio». «Anche un solo uomo», badate bene: vanno tutti messi in riga, allineati al nuovo credo. Spaventoso. Dunque, l'uomo che frequenta la zoccola (detto in senso positivo, per carità) è in sostanza un favoreggiatore della prostituzione, uno sfruttatore di persone vulnerabili e indifese. Maiorino vuole chiudere tutto: OnlyFans, perché è prostituzione 4.0, un posto dove «gli sfruttatori ti vengono a prendere fin dentro la cameretta con la lusinga di farti diventare influencer, creator, famosa... Perché mai una ragazza dovrebbe dire di no?»; e vanno anche denunciati tutti quei siti di annunci sessuali a pagamento (tipo Escort Advisor) perché fanno soldi sfruttando le mignotte («Sono degli sfruttatori internazionali, lo schifo dello schifo»). Non so se avete afferrato bene: chiudere, vietare, perché è uno «schifo». Una sera, a *La Zanzara*, ho chiesto conto alla Maiorino della sua posizione. E ha addirittura messo il carico da novanta: i clienti sono come i *sex offenders*, cioè i molestatori sessuali, e prima arriva la multa amministrativa; se poi insistono, la sanzione penale, persino il carcere; la prostituzione è come la schiavitù, e anche l'ultima fortezza del patriarcato, cioè del dominio dell'uomo; il corpo non si compra, i maschi dovrebbero imparare a sedurre e a mettersi in un rapporto alla pari. Aveva tacchi e tailleur, la parlamentare grillina, ma è come avesse avuto addosso la palandrana di un ayatollah.

L'ipocrisia della monogamia

Il moralismo è sempre stato una comoda spada da agitare strumentalmente contro i nemici. Non so se le femministe antiporno e antiprostituzione, e gli intellettuali che ogni giorno ce la menano col patriarcato e la liberazione della donna dalle catene dell'oppressione maschilista se ne rendano conto, ma proposte di legge come quella della Maiorino non sono altro che paternalismo di Stato: un paternalismo che rende la donna oggetto, la spoglia della sua libertà di decidere, dicendole in maniera brutale che lei non può davvero volersi prostituire, che nessuno lo può volere, e che in fondo la donna non è che una povera minorata spinta alla prostituzione da povertà e disagio mentale. Chi è per l'autodeterminazione della donna, non può che essere favorevole alla prostituzione e al suo riconoscimento. Anzi, la dico tutta fino in fondo: dovrebbe essere felice che esistano le escort. Non ci sono scorciatoie.

Ma non siamo pronti ad accettare questo banale principio, soprattutto perché la società di oggi si è eretta sul pinnacolo più ipocrita di tutti, la monogamia. Le cifre parlano chiaro: quasi tutti si tradiscono, eppure continuiamo a giurarci fedeltà. Promettiamo al nostro partner esclusività, ma non siamo davvero in grado di desiderare e possedere un solo corpo. Ovviamente c'è chi è pronto a contestarmi: io sono fedele al mio partner, non l'ho mai tradito con nessuno e conosco tante persone come me! Tuttavia, ragazzi miei, le singole esperienze (sempre che siano sincere, il che è tutto da dimostrare) non contano niente, perché la realtà delle coppie prova il contrario: l'infedeltà è la regola, non il contrario.

Il motivo è molto semplice e anche assolutamente giustificabile: l'essere umano ha bisogno di sentire sapori diversi, di provare nuove esperienze, ed è affascinato dall'idea di frequentare anche solo per qualche minuto, per qualche ora, un corpo diverso da quello della persona che più ha vicino. Che sia a pagamento o meno, la storia non cambia. La monogamia, alla fin fine, è soltanto una mera convenzione, ma non ha alcun fondamento storico e di certo non biologico. Può, forse, esistere una monogamia dei sentimenti, però sicuramente non ne esiste una dei corpi. Sono le statistiche a confermarlo in modo spietato. Anche chi vi giura e spergiura che per lui c'è solo la moglie o la compagna (o per lei il marito o il compagno), potete essere ragionevolmente sicuri che avrà avuto o avrà le sue esperienze extra. Oppure le sogna ardentemente, senza avere mai il coraggio di realizzarle, bloccato da timori e tabù. Ma tra l'onanismo e la realizzazione di un sogno, che differenza c'è? Tradire col pensiero non è forse la stessa cosa del tradimento carnale?

Eppure, non c'è coppia che non ostenti una stretta monogamia, e c'è la convinzione diffusa che qualsiasi contatto con terze persone può portare alla distruzione del rapporto. Di recente ho chiesto a una mia ospite radiofonica cosa farebbe se scoprisse il «tradimento» del compagno e lei mi ha risposto candidamente: «Non solo lo lascerei, ma lo farei a pezzi, gli taglierei l'uccello». Cose che si dicono, naturalmente, sono però segnali evidenti di una mentalità molto diffusa, anzi, largamente maggioritaria. La morale religiosa (e non solo) ha sacralizzato la fedeltà sessuale, unico criterio di giudizio sulla relazione. Scrive magistralmente nel suo *Ancora bigotti*, il professor Edoardo Lombardi Vallauri, che «quando si parla di "fedeltà" si intende sempre quella... ma la fedeltà a una persona è molto di più. È il non tirarsi indietro dal progetto comune, è il non venir meno per l'altro in tutto quello che costituisce il suo vivere... Spesso, invece, a causa della sopravvalutazione della fedeltà sessuale, il semplice non toccare altre persone fa sentire giusti, anche se non lo si è per niente nelle cose importanti». Quello che sostiene Vallauri è tremendamente vero, e soprattutto realistico, perché ci impone senza fronzoli di fare i conti con un fatto: viviamo in una gigantesca bolla di ipocrisia, e la colpevolizzazione del sesso fuori da una relazione fornisce alla gelosia, anche a quella più violenta, una patente di nobiltà. Mi hai tradito? Mi hai lasciato? Mi vuoi lasciare? Sono autorizzato a fare di te quello che voglio.

Vallauri, un maestro in questo campo, insegna che c'è una specie di pensiero magico, di origine religiosa, secondo cui l'esistenza di una coppia non è compatibile con il contatto sessuale con altri. Dunque, succede che se lei scopre qualcosa, allora ci sono le amiche che si affollano intorno a dire: «Lo devi lasciare, è uno stronzo, sono tutti uguali»; e ovviamente lo stesso avviene nel caso opposto. Invece, cazzo, non è successo assolutamente niente; niente obbliga a cambiare tutto, perché nella realtà, che è ben diversa dall'ideologia con cui ci atrofizzano, se lei ha scopato con un altro è come se ci avesse giocato a tennis, o ci fosse andata a vedere una mostra. Dopo una doccia, sarà la stessa persona che era prima: di una trombata non rimane traccia; qualche secondo di godimento non può cancellare il resto, un breve orgasmo con un altro partner consegna felicità e non sbianchetta l'amore, al limite può macchiare i vestiti. È un ragionamento tremendamente affascinante e realistico, crudo, forse utopistico ma necessario: l'impercorribilità di un seguito di coppia dopo un tradimento fisico non risiede altro che in un pregiudizio, e basterebbe che questo venisse meno per continuare a vivere come prima. Lui o lei ti ama, e non è che se ha scopato con un altro non ti ama. Certo, il fatto di mentire e ingannare, è meno compatibile con l'amore, ma tutto questo è generato dalla proibizione. Se togli la proibizione, potrà andare con altri senza ingannarti e in definitiva umiliarti. È la proibizione che genera queste crepe, un'ipocrisia immensa.

Ora, applichiamo tutto questo alla prostituzione. Se una donna si rendesse conto di questo inganno culturale, di questo lavaggio del cervello che abbiamo subito, sarebbe subito pronta ad accettare che il compagno si diverta con una puttana (parlo ovviamente di una donna, perché la prostituzione maschile è largamente minoritaria). È assolutamente e paradossalmente preferibile che una persona decida di divertirsi pagando una professionista. D'altronde, la stragrande maggioranza dei frequentatori di escort sono fidanzati o sposati, ma su di loro incombe il pregiudizio dell'identikit dell'uomo viscido e laido che tradisce la moglie per comprare carne umana. I puttanieri sono tra noi, siamo noi, sono lo specchio della società: rappresentano trasversalmente tutte quelle che una volta venivano chiamate le «classi sociali». La donna che ama dovrebbe stappare champagne dovesse scoprire che il proprio uomo scopa con le prostitute: se torna felice e appagato, ha raggiunto il suo obiettivo. Ma non mi illudo: vince ancora l'ipocrisia della monogamia.

L'ipocrisia della destra e del codice Ateco

Ovviamente, è ipocrita anche la destra politica che, da anni, ciancia blandamente di legalizzazione o liberalizzazione della prostituzione, ma poi in concreto non fa nulla di nulla. Matteo Salvini, per esempio. Ne ho già parlato in *Via Crux*, però vale la pena tornarci sopra. Il leader della Lega è sempre stato un fiero sostenitore dei bordelli legali e dell'eliminazione della famigerata Legge Merlin che li abolì, di questo gliene va dato atto. Convocato da Salvini, partecipai, nell'ormai lontano 2014, a un'inutile raccolta di firme per cancellare quella norma, ma alla fine non se ne fece nulla, perché lo stesso leghista, una volta arrivato al potere, cominciò a sventolare rosari e a rivolgersi alla Madonna; nulla di male, per carità, però la conversione fu clamorosa. Invece di proseguire nella campagna a favore dei puttanieri italiani costretti a emigrare ogni giorno nei Paesi limitrofi (la classica fuga dei piselli, altro che dei cervelli), Salvini concentrò altrove la sua propaganda cercando il consenso delle famiglie da sempre allergiche a questi temi pruriginosi. Recentemente è tornato a parlare di legalizzazione, a onor del vero, ma in un modo piuttosto bizzarro: promuovendo sondaggi sui suoi canali social, chiedendo ai follower se la prostituzione debba essere legalizzata e fatta emergere dall'oscurità. Su Instagram, tra un messaggio e l'altro, sostiene che sarebbe più sicuro per tutti, sia per chi la pratica, sia per chi ne fruisce: migliori condizioni igieniche, lo Stato che incassa. Perfetto, tutto bellissimo, ma perché si limita a fare i sondaggini da influencer? È un esponente influente – non influencer – e autorevole del governo; avrebbe tutte le possibilità di proporre una legge, sia come parlamentare, sia come componente dell'esecutivo. E invece nulla, si limita a twittare e a fare comode quanto inutilissime dirette social. Amen.

Questa ipocrisia della politica si lega all'ipocrisia peggiore, quella dello Stato. La prostituzione, lo abbiamo visto, resta in un cono d'ombra, tutti sanno che esiste, molti ne beneficiano, ma poi si glissa, si fischietta indifferenti, o addirittura, nel caso del favoreggiamento, si applica il Codice penale. Eppure lo Stato, quello stesso Stato che finge di non conoscere la prostituzione, quando si tratta di incassare denaro sembra fare meno lo schizzinoso. Ne è testimonianza la vicenda paradossale del nuovo codice Ateco 96.99.92. Il codice Ateco, per chi non lo sapesse, è quel sistema utilizzato dall'Istat per classificare le attività economiche in Italia, e dunque è obbligatorio per la registrazione delle partite Iva e le dichiarazioni fiscali. Attraverso un codice, prima sei inserito in un macro settore economico, poi ci sono le sottocategorie dell'attività. Non voglio annoiarvi troppo con questi discorsi, ma dall'aprile 2025 esiste anche il 96.99.92, all'interno dei «Servizi di incontro ed eventi simili», che testimonia ancora una volta l'enorme ipocrisia dello Stato. Cosa riguarda? Tutte le «attività connesse alla vita sociale, ad esempio attività di accompagnatori e di accompagnatrici (escort), di agenzie di incontro e agenzie matrimoniali; fornitura o organizzazione di servizi sessuali, organizzazione di eventi di prostituzione o gestione di locali di prostituzione, organizzazione di incontri e altre attività di speed networking». Dunque escort, gestione di locali dove ci sono puttane: un sogno per molti. Ma subito l'Istat è stata costretta a precisare che si tratta di un indicatore utile solo per le statistiche europee e non di un'autentica legalizzazione della prostituzione. In pratica: le attività illegali non potranno essere registrate. Però potete pagare le tasse. Quello che colpisce, però, sono le reazioni di una parte della sinistra, segnate ancora una volta da utopia e bigottismo senza pari. Basta leggere una tal Lucarelli, assessore della giunta di sinistra al Comune di Roma, secondo la quale «riconoscere la prostituzione come mestiere rischia di istituzionalizzare gli abusi e normalizzare lo sfruttamento». Se non ho capito male, meglio lasciare le escort nel limbo, o sperare di recuperarle tutte a un'altra vita: proposito che apparentemente sembra nobile, ma che in realtà è più pericoloso della prostituzione stessa. A me fa più paura uno Stato che mi dice «questo è giusto e questo è sbagliato» piuttosto che uno Stato che mi permette di fare il mestiere che voglio fare. Si ribella anche *Avvenire*, sempre il quotidiano cattolico, ricordando che la vendita dello «spazio intimo», così lo chiamano, non può essere considerato qualcosa di etico bensì di degradante perché svilisce la persona. Per questi signori la prostituzione è sempre sinonimo di indegnità, sfruttamento, violenza e sopraffazione, anche quando la realtà indica il contrario. La verde Luana Zanella sostiene invece che «la Merlin si sta rivoltando nella tomba». Magari fosse così, cara Zanella. Magari si rivoltasse davvero nella tomba, indignata, l'autrice della legge del 1958, invece qui in Italia siamo ancora ai codici Ateco e ai balletti social di Salvini. E a parte i sussulti del fisco vorace, non si fa una beneamata mazza per risolvere l'affaire prostituzione, tutto resta immobile come da decenni. E così sia.

Altri moralisti

Mi è capitato spesso di discutere di prostituzione in televisione. Poco prima della stesura finale di questo libro, ero ospite di *Dritto e rovescio* su Rete 4, condotto dall'amico Paolo Del Debbio. Un programma molto popolare (il più visto tra i talk show di prima serata) in cui sovente si parla di temi alla portata di tutti, quelli che toccano maggiormente le corde delle persone «normali», casalinghe, operai, gente che per sbarcare il lunario si fa un mazzo così; proprio per questo viene giudicato dagli intellettualoni e dagli intelligentoni di casa nostra, spesso appartenenti all'area progressista ma non solo, come un prodotto becero e talvolta volgare; il conduttore, un fine intellettuale di formazione liberale, ogni tanto si lascia scappare una parolaccia, mentre le discussioni, sempre particolarmente accese, non riguardano le beghe tra i partiti o l'alta politica, bensì bollette, immigrazione, periferie, sicurezza; si tocca, insomma, la carne viva dei cittadini italiani, e questo non va giù ai critici televisivi e agli addetti ai lavori che straparlano tra loro di cose che non interessano a nessuno. Se poi un programma del genere ha successo, com'è il caso di *Dritto e rovescio*, le invidie e i nemici aumentano in modo esponenziale. Ma tant'è, fa parte del gioco e chissenefrega.

Ebbene, durante un blocco di puntata dedicato al meretricio e al già citato codice Ateco, ecco presentarsi davanti ai miei occhi due esponenti del partito dell'ipocrisia in servizio permanente. Perché parlo di ipocrisia? Perché quando si affronta il tema delle puttane, fioccano non solo i moralisti (veri o finti che siano, anche se spesso prevale la seconda categoria, cioè quella dei moralisti per convenienza), ma anche coloro che negano la realtà e vorrebbero piegarla alle proprie convinzioni e desideri. Ricordiamolo, lo abbiamo già detto – *repetita iuvant* –, dicono quelli colti: l'ipocrita, tra le sue caratteristiche, può avere l'incoerenza, ovvero predicare bene ma razzolare male. Nel caso di specie, si può essere a favore della totale libertà della donna e poi negarle la possibilità di sfruttare come meglio crede le proprie grazie? Si può proclamare ai quattro venti l'autonomia della femmina e poi imporle un comportamento? Ecco il punto.

I due personaggi in questione sono una scrittrice spesso protagonista delle comparsate televisive, Antonella Boralevi, e un politico piddino di nome Andrea Romano, uno storico e saggista livornese. Gli argomenti utilizzati da questo duo allo scopo di combattere il riconoscimento statale delle mignotte sono talmente sconfortanti da far cascare le braccia. Parte Romano: «Quale genitore sarebbe contento di sapere che la propria figlia ha scelto la professione della prostituzione? Nessuno, ma perché? Non per moralismo ma perché in fondo alla prostituzione c'è un rapporto di violenza tra un uomo che ha i soldi e si compra il diritto di penetrare e la donna che vende il proprio corpo». Ora, mi rivolgo a voi che state leggendo: che minchia c'entra mettere in mezzo i genitori e i figli? Nulla. È chiaro che nessuno di noi (sempre teoricamente) vorrebbe vedere un figlio scegliere la prostituzione, ma questo non significa che la prostituzione si debba eliminare o limitare. Cosa diavolo ci azzecca l'eventuale dolore di un padre o di una madre con la legalizzazione? Niente, zero. Ma non è tutto: perché il rapporto tra cliente ed escort è necessariamente «violento»? Chi lo ha deciso, Romano? Dove sta scritto? L'esponente Pd ammette che «ci sono donne che lo scelgono liberamente, però è sempre sbagliato, c'è sempre un rapporto di sopraffazione». Così, a prescindere. Ma non dovrebbe essere la singola persona a decidere se quello che subisce è dominio e sopraffazione? Dunque, conclude, «a me fa orrore uno Stato che tassa e ricava dei soldi da questo rapporto, che è come uno stupro legalizzato». Incredibile. Romano mette praticamente sullo stesso piano l'atto sessuale consensuale (e, non dimentichiamolo mai, frutto di un accordo preventivo) tra cliente e prostituta e la violenza contro una donna! Oltre a essere offensivo verso chi subisce davvero una molestia o uno stupro, questo paragone fa parte del classico armamentario dell'estremismo femminista. Ricordo un'ex prostituta diventata poi una militante antilucciole, tale Rachel Moran, che si è inventata il termine «stupro a pagamento», facendolo diventare anche un libro. La tesi è esattamente quella di Romano, il quale professa di essere contro ogni estremismo, ma quando si tratta di puttane diventa peggio di un predicatore: non è tollerabile la compravendita del corpo femminile, perché alla base di questo scambio, secondo Moran, c'è una relazione diseguale, dunque la prostituzione è sempre un «abuso sessuale pagato», e la donna che si fa pagare è sempre oggetto da usare, vittima degli uomini cattivi e violentatori. Questo è il livello del professor Andrea Romano.

Poi arriva la Boralevi, la quale è talmente a favore delle donne, da negare alle stesse il diritto di utilizzare la propria carne come meglio credono. E dunque:

«La prostituzione non è una professione, non è un lavoro, ma solo un'umiliazione». Le faccio notare che è considerata un mestiere in Paesi non proprio incivili come Austria, Germania e altri nell'Occidente progredito. E lei: «Ma che c'entra, ci sono culture che praticano anche l'infibulazione...!». Da mettersi le mani nei capelli. Sostiene ancora la scrittrice buonista e inclusiva (tranne con chi vuole fare la escort) che anche quando le femmine dicono di farlo di loro spontanea volontà, in realtà non è così «perché c'è un rapporto di potere tra chi manipola e chi subisce; la prostituzione è stata venduta come una scelta libera della donna, che invece di andare in ufficio, in fabbrica o a fare la commessa, vende una parte del proprio corpo; ma quando la merce di scambio è questa, è esattamente come il trapianto di organi, il corpo è sacro e la donna lo vende perché c'è stata una manipolazione». Insomma, la donna che fa la puttana non lo fa di testa sua, ma perché è stata truffata mentalmente.

Ma l'utopia di un mondo senza prostituzione è di certo più pericolosa della prostituzione stessa: chi si mette in testa di criminalizzare il cliente in nome dell'etica, chi vuole liberare la donna dall'oppressione senza neppure averglielo chiesto, è cento volte più dannoso di chi vuole la partita Iva per le mignotte. Mi è piaciuto molto ciò che scrisse qualche tempo fa una giornalista, Elisabetta Ambrosi, sulla versione digitale del *Fatto Quotidiano*. Non la conosco, però sono sicuro che lei non nutra grandi simpatie nei miei confronti; questo non mi impedisce di dire che quanto affermava sulla prostituzione mi sembra impeccabile, e non a caso suscitò sul web vibranti proteste del femminismo duro e puro. «Prostitute ed escort» sosteneva «impediscono che la violenza deflagri. Tengono bassi i livelli di stress di milioni di uomini, spesso prendendosi cura di loro, emotivamente oltre che fisicamente. Fanno sì che i loro fluidi si scarichino, abbassando la soglia della rabbia.» Le puttane, in sostanza, fanno un favore alla società intera.

Tutto vero: la escort è, in fondo, una lenitrice di dolori altrui, una curatrice, un rifugio, uno sfogo necessario alla società. Ma immaginiamo che la benpensante Boralevi sia già svenuta. Sono gli ipocriti della prostituzione.

Ringraziamenti

Dopo *Via Crux*, ecco *Ipocriti!*: dunque grazie all'editore Cairo per la fiducia. Una squadra formidabile, professionisti veri che seguono il prodotto dal concepimento alla nascita, si potrebbe dire, curandolo nei minimi dettagli. Un ringraziamento speciale va a tutte quelle persone che mi hanno aiutato con i loro suggerimenti, le loro osservazioni e in alcuni casi i loro testi. In primis Azzurra Noemi Barbuto, la cui cocciutaggine e testardaggine è pari solo alla sua bravura: difficile mettersi in competizione con lei, va avanti per la sua strada come un treno. Mi sono stati preziosi i suoi scritti, ma soprattutto le sue idee decisamente controcorrente rispetto al mondo dell'informazione mainstream. Cara Azzurra, spero di potere ancora contare sul tuo aiuto in altre occasioni. Poi c'è Andrea Venanzoni, la cui capacità di tradurre per iscritto conversazioni telefoniche spesso veloci e piene di dubbi è notevolissima. Una volta gli ho detto:

«Ma tu, come trovi il tempo per fare tutto?». «Lo spazio per la battaglia delle idee, per affermare la libertà di pensiero si trova sempre» mi ha risposto. Venanzoni passa dall'alto al basso con facilità, ma sempre con una certa classe. Grazie, Andrea, davvero. Andrea Silenzi, libertario vero, mi ha dato una mano sul capitolo dedicato alla droga, su cui siamo in completa sintonia: dalle sue parti, e non solo, ci considerano pericolosi, che è una medaglia da appuntarsi al petto. Non posso dimenticare Savino Balzano, un sindacalista che si è trasformato di recente in un battagliero opinionista radiofonico. Il suo crucianesimo (non me ne voglia, è un complimento) consiste soprattutto nell'andare puntualmente controcorrente, nel non arrendersi di fronte al racconto prevalente nell'informazione. Ancora: Massimo Falcioni, giornalista e amico, esperto di tv, la cui timidezza si accompagna alla competenza; non posso trascurare Gennaro Marco Duello, napoletano doc, anche lui giornalista, cui ho chiesto consiglio in alcuni passaggi del libro. Grazie, ma quanto hai goduto quest'anno con Conte! Poi c'è Alberto Gottardo, vecchio compagno di avventure in radio, con cui ho mantenuto un rapporto di solida amicizia: mi sono confrontato più volte con lui per la stesura di questo volume, e sono venuti fuori contributi spesso decisivi. Alberto ha nel sangue lo sberleffo, la battuta, il giudizio corrosivo senza peli sulla lingua: tutte doti che oggi vengono scambiate per volgarità o, peggio, per populismo. Ma essere ribaldi non impedisce di avere dei pensieri e delle idee. Avercene, come Alberto. Infine, quello che trovate in copertina: l'ennesimo capolavoro (a parte il soggetto, cioè il sottoscritto) dell'amico e fotografo Massimo Zanetti. Non sono un bravo modello, lui invece trasforma materiale povero in oro. Grazie, Max. E, naturalmente, l'immenso popolo de *La Zanzara*, i miei collaboratori alla radio, naturalmente David Parenzo, che mi sopporta da quasi quindici anni: senza di voi non sarei niente. Abbasso l'ipocrisia, viva la libertà di espressione, sempre contro il politicamente corretto! Avanti tutta amici miei.

Questo libro è stampato fabbricato da Grafica Veneta S.p.A.
con un processo di stampa e rilegatura certificato 100% carbon neutral
in accordo con PAS 2060 BSI

Finito di stampare nel mese di giugno 2025
per conto di RCS MediaGroup S.p.A.
da Grafica Veneta S.p.A., via Malcanton 2, Trebaseleghe (PD)
Printed in Italy